Como dijo Blair Waldorf: "La moda es el arte más poderoso que hay; es movimiento, diseño y arquitectura, todo en uno".

Sin duda la moda estuvo, está y estará presente en nuestras vidas para siempre, gracias a ella hemos logrado directa o indirectamente infinidades de cosas, nos ha ayudado a expresarnos sin necesidad de hablar y nos ha conectado a todos sin importar donde estemos. Incluso con solo ver una imagen de un *outfit* podemos deducir de qué momento en el tiempo pertenece ya que la moda siempre refleja lo que ocurre en la sociedad y política queramos o no.

Pero para entender a profundidad su importancia debemos adentrarnos a la complejidad de su historia, desde sus inicios hasta sus transformaciones y como se han reflejado durante el tiempo.

En este libro trataremos de comprender sus inicios, desarrollo y analizaremos los nuevos términos y movimientos más recientes de la moda, ya que como nos hemos dado cuenta, la moda está pasando por una revolución de consumismo y expansión muy grande, esto incluye micro tendencias y lo que conocemos como moda rápida lo que no siempre tiene un impacto positivo.

Primero que todo: **¿Qué es la moda?** Y ya sé que es una pregunta tal vez innecesaria, pero no estoy hablando del sentido literal de la palabra, ya que todos podemos deducir de una manera u otra qué es, me refiero a todo lo que engloba su significado. La moda es movimiento, es expresión sin prejuicios, es sin duda un arte cambiante, a través de ella se pueden expresar tantas cosas que a veces ni siquiera nos damos cuenta, tal vez alguna vez hayan escuchado la expresión "Para gustos los colores", pues eso ocurre exactamente con la moda, o ¿acaso nunca les ha pasado que se encuentran con pasarelas que muestran prendas que ustedes jamás se pondrían o les parecen prendas espantosas, pero al mismo tiempo otras personas las ven hermosas y únicas? Pues eso es el arte de la moda, no importa tu edad, raza, color, sexo, etc., siempre encontrarás cabida para ti en este bello arte.

# Capítulo 1: Los Inicios

Qué lugar más idóneo para comenzar nuestro recorrido que la prehistoria. Desde la aparición de los *Homo Sapiens* el hombre comenzó a vestir, pero no por temas de gustos ni mucho menos, si no que debían protegerse del frío, por ello, cazaban animales y vestían sus pieles.
Al comenzar el período Neolítico las mujeres empezaron a tejer e hilar, por lo que conocerían las primeras formas de tela y el mundo textil.

Más adelante en Egipto se crearon prendas hechas de lino, lo que dio a la creación de la *calarisis* que era una túnica ceñida que era considerada un lujo.

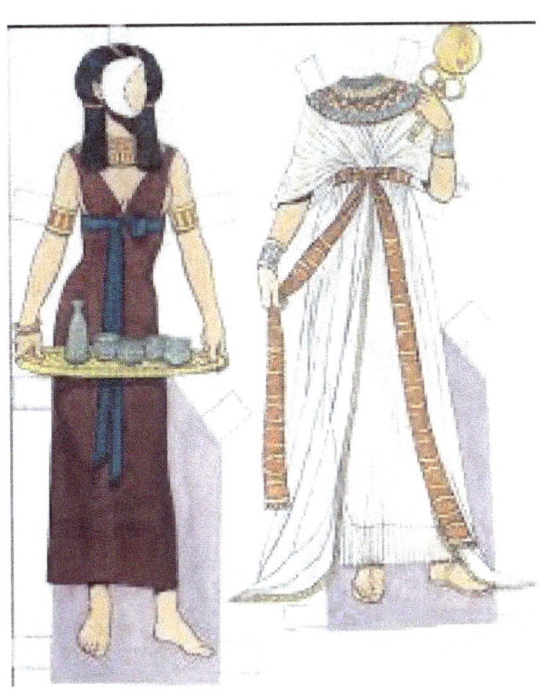

Luego de muchos años cuando la sociedad ya había evolucionado y se habían formado más a fondo las jerarquías sociales, las prendas de vestir comenzaron a pasar de ser simplemente para cubrirse del frío y la intemperie a ser un signo de distinción social. Se sabía que las telas más fáciles de tejer y de encontrar eran usadas por los más pobres mientras que aquellas prendas hechas con telas lujosas como la seda eran exclusivamente lucidas por lo más adinerados.

La distinción de prendas por clases sociales no se reducía solo a las telas, si no que los colores también eran clasificados por su rareza o dificultad al teñir, como por ejemplo el color morado, que por años fue asociado a las personas en la cima de la pirámide jerárquica.

En Roma y Grecia prevalecía el lino, algodón y seda o, en su defecto, una entremezcla. Las prendas usadas en esta época eran en su mayoría túnicas o telas muy largas que se entrelazaban en el cuerpo para asegurarlas, usando cuerdas como cinturones o nudos especiales.

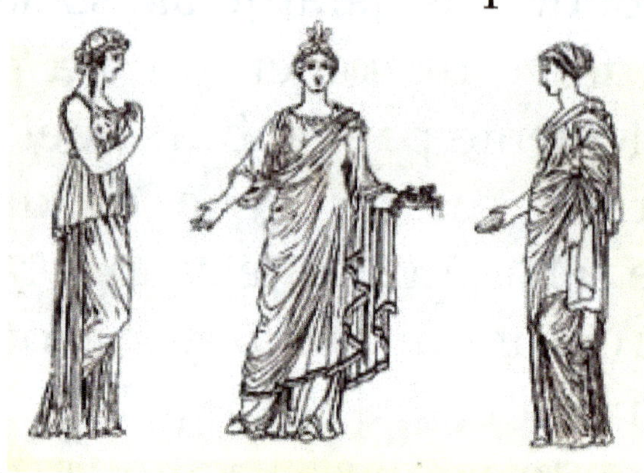

Los pueblos Germánicos comenzaron a coser la ropa, lo que hizo el proceso de confección mucho más complejo.

# Capítulo 2: Desarrollo de la moda

En la Edad media podemos ver un desarrollo mucho más distintivo, aquí podemos notar que comenzó a tomarse la confección de prendas y su uso mucho más en serio y pasaba de ser simples telas amarradas al cuerpo a ser prendas que llevaban un proceso de confección más completo.

## Siglo XIV

En el siglo XIV se expandió la mentalidad de disfrutar de la vida, por lo que se reflejó en la moda.

Con la llegada del año 1350 se añadieron más accesorios y objetos llamativos a la vestimenta de los hombres, se comenzó a llevar trajes de dos piezas en lugar de largas túnicas, esto logró la diferenciación de la vestimenta femenina.

No solo había que ser rico, sino que también había que parecerlo, por eso se empezó a tomar más en serio la vestimenta.

En este siglo llegó un estilo revolucionario considerado *a la moda francesa,* más adelante nos daremos cuenta que Francia y Europa en general siempre tuvieron gran influencia en la moda para el resto del mundo, no por nada se considera a París como una de las más grandes capitales de la moda.

En este siglo la moda femenina comenzó a tener grandes cambios, los escotes se hicieron más pronunciados, mostraban el cuello y algo de los hombros, cosa que tuvo mucha repercusión especialmente entre los predicadores y religiosos de la época.

La silueta se basaba en vestidos ceñidos en la parte superior hasta la cintura y más despegado en las caderas y piernas.

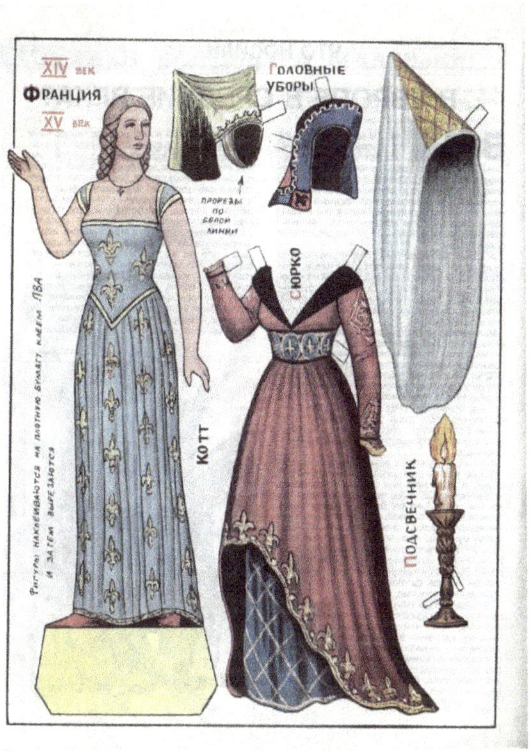

También se vería la elongación de las colas, por lo que se arrastraban en el piso.

Otro accesorio muy importante eran los tocados que eran usados solo por las mujeres casadas, estos podían tener diferentes formas, unos terminaban en pico, otros tenían formas más abstractas, incluso algunos tenían formas de dos cuernos cosa que enfurecía a los miembros de la iglesia ya que los asemejaban a las criaturas del infierno.

Las jóvenes que aún no se habían casado se abstenían de usar estos grandes tocados, en vez de ello dejaban su cabello suelto, con trenzas o perlas que simbolizaban su doncellez.

Los velos dejaron de usarse a excepción de las monjas y viudas. Todos estos cambios fueron un gran paso ya que mostraba la relajación de las normas morales de aquella época principalmente ligadas al cristianismo.

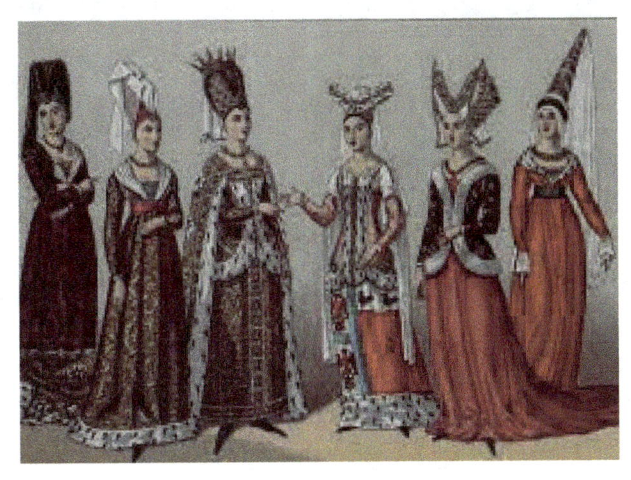

En este siglo vemos las primeras apariciones de lo que sería el *corsé,* este polémico accesorio del que todos hemos escuchado hablar. Era una prenda que se ajustaba a la parte superior del cuerpo son cintas, que a veces sustituían la parte superior del vestido; sin embargo, esta prenda tendría su mayor auge en los siglos posteriores.

# Siglo XV

En este siglo las tendencias de moda no sufrieron tantos cambios, las colas de los vestidos seguían siendo lo más largas posible, cosa que los legisladores y predicadores ´´querían acortar´´.

Un ideal de belleza muy marcado fue el tener la frente muy grande, las mujeres que no corrían con la suerte de haber nacido con frente amplia llegaban al punto de depilarse parte del cabello para entrar en este estándar de belleza. Por esta razón los peinados siempre mantenían el cabello despejado de la frente.

En este período la moda comienza a ser temporal, es decir que comienza a ser algo cambiante y la preocupación de *estar a la moda* comenzaba a ser algo real, más que todo siguiendo las tendencias que venían de las elites francesas o italianas.

Los escotes de los vestidos fueron adquiriendo una forma de *V* y en ocasiones dejaban ver parte del *kirtle* por su profundidad.

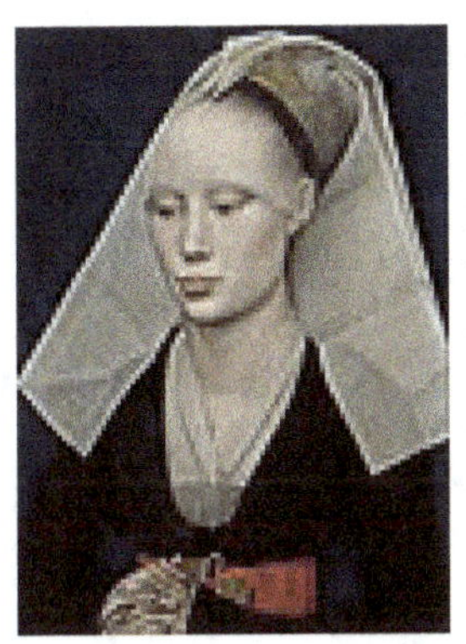 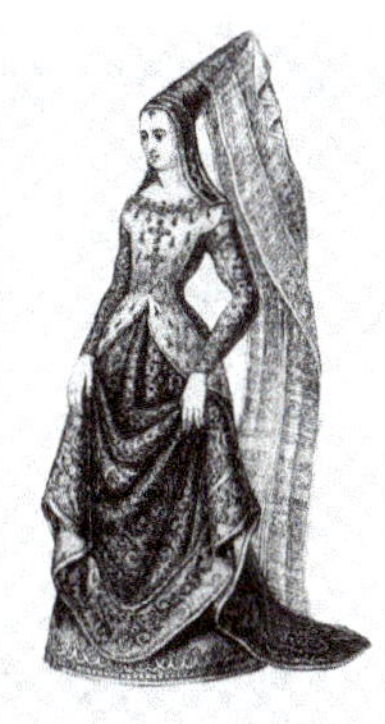

# Siglo XVI

El inicio de la edad moderna está marcado por la voluminosa vestimenta, a los vestidos se les agregaron capas y capas de tela, una reacción a las bajas temperaturas que se vivían mayormente en el norte de Europa. Contrastes de color, aplicaciones, bordados, todo esto se hizo notar en su máxima expresión. Las mangas se volvieron un gran complemento que llamaba la atención, tenían cortes en forma de campana y también eran cortadas, giradas o hinchadas para mostrar contraste de colores y texturas.

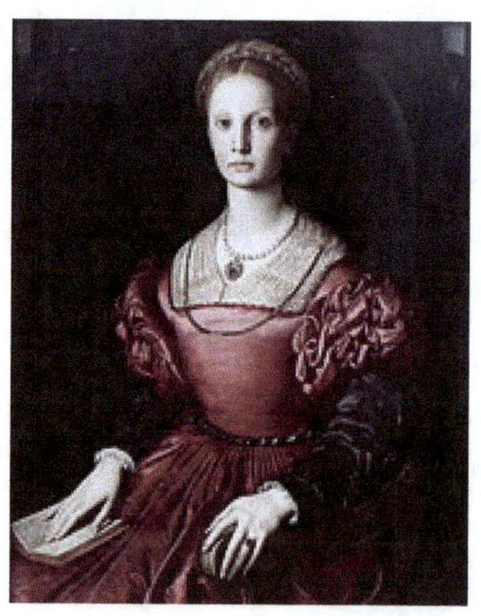

Esta fue la época del Renacimiento por lo que la vestimenta apretada y ceñida se dejó a un lado, con la idea de volver a una indumentaria más relajada y cómoda como un signo de libertad.

Lo que puede ser sonar un poco irónico ya que en este siglo vemos los primeros *corsés*, los primeros modelos de este eran hecho completamente de metal y eran usados comúnmente por las clases más nobles para mantener un torso rígido, cosa que no debió de ser muy cómoda.

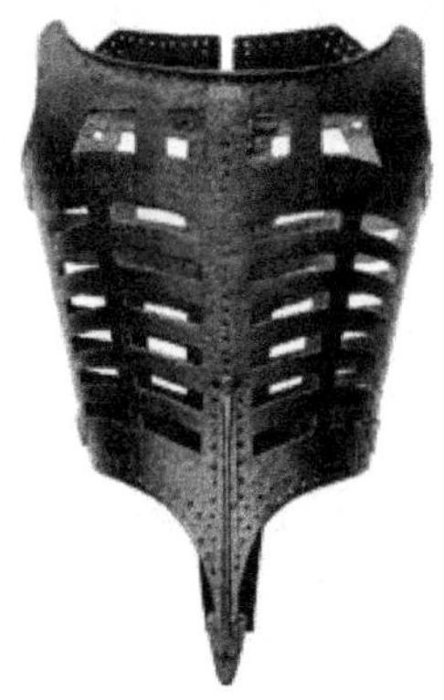

Las colas kilométricas del siglo XV se habían olvidado, dándole paso a las faldas redondeadas y sin arrastre.

Los vestidos eran ajustados a la cintura, luego fueron descendiendo hasta llegar casi a las caderas a veces en forma de V, descendiendo de forma voluminosa desde las caderas hasta los tobillos... A finales del siglo también se usó la *túnica francesa* que era un vestido totalmente holgado sin acentuaciones en cintura o caderas.

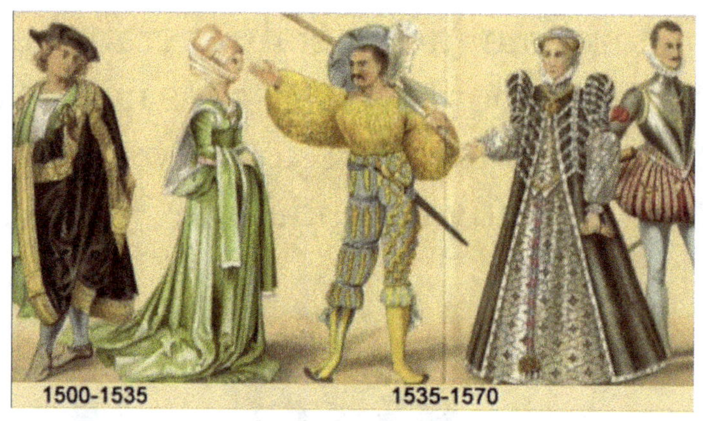


Las faldas de aro o las crinolinas aparecieron en este período, facilitando así el darles la forma redonda y grande a las faldas.

Un dato muy interesante, es que estas faldas grandes fueron diseñadas originalmente para tratar de ocultar el mal olor que se emitía, ya que, no es un secreto que durante esas épocas la higiene no era algo muy recurrente.

Los collares alemanes también aparecieron en la primera mitad del siglo XVI, que cubrían el escote y el cuello.

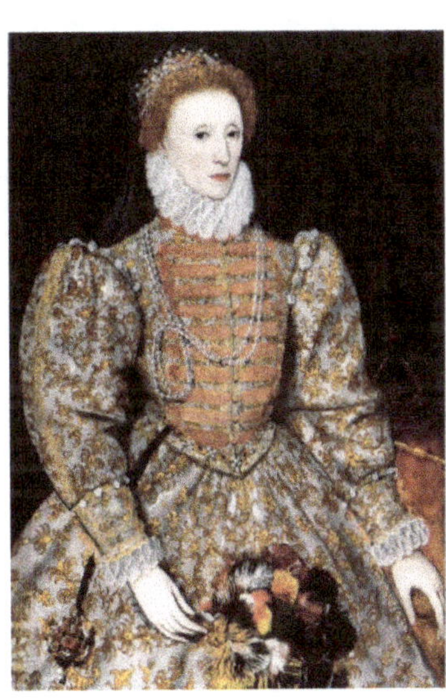 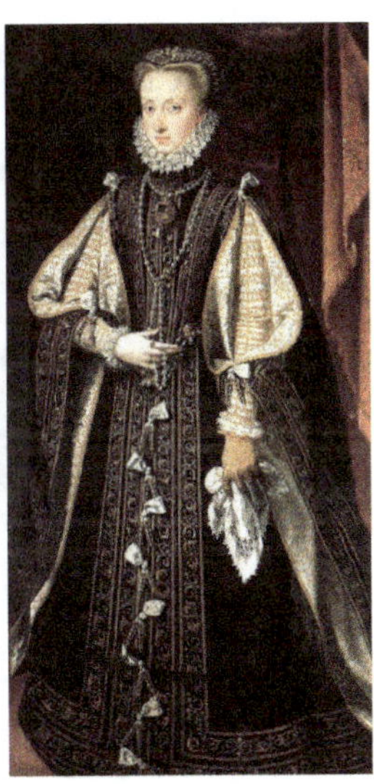

Las mujeres de las clases más humildes no podían encargar sus trajes a un sastre ni mucho menos, ellas lucían trajes mucho más simples. Sus vestimentas constaban de faldas largas y sin adornos, con blusas o camisas sencillas, normalmente llevaban una pañoleta que cubría los hombros y se anudaban en el pecho, en tiempos de frío.

# Siglo XVII

En este momento de la historia ocurrieron cambios muy grandes socialmente lo que claro, se vio reflejado en la indumentaria. Tanto los hombres como las mujeres vestían ostentosamente, claro, dependiendo de sus clases sociales; sin embargo, el vestuario de las mujeres se volvió muchísimo más recatado que el de los hombres, mientras ellos usaban pantalones que hacían acentuar su entrepierna, ellas cubrían casi todo su cuerpo, esos profundos escotes de hace dos siglos habían quedado en el pasado, hasta el punto que, en 1639, se prohibieron los escotes.

La moda de esta época reflejaba el pudor y la complejidad de las prendas.

El pudor obligaba al uso de colores oscuros, faldas anchas y grandes, mantos, etc. por lo que resultaba casi imposible discernir la figura femenina.

El renacimiento provocó que se le diera muchísima importancia a la belleza exterior, lo que causó que no solo fuera la época más costosa para vestir debido a sus exagerados vestuario, sino que también, se le daba mucha importancia a la cara considerada como el *espejo del alma* por lo que el maquillaje tomó gran incentivo. Por eso las mujeres básicamente se disfrazaban en su día a día tratando de alcanzar este canon de belleza impuesto desde la mirada masculina.

La higiene, o más específicamente el agua, era considerado pernicioso para la salud, por ello era evitada a toda costa, lo que dio paso a la creación de perfumes que acompañado con la ropa blanca y polvos para lucir lo más pálido posible (ya que la piel oscura era asociada con la pobreza ya que la gente de bajos recursos pasaban mucho tiempo al sol), asemejaban una estética *ideal*.

También surgió el *estilo de aparato* que trataba de borrar todas las partes de la figura femenina asociados con el deseo y lujuria, por lo que trataba de unificar todos los cuerpos de las mujeres y hacerlos parecer todos iguales, pero sin olvidar el efecto belleza que debían producir.

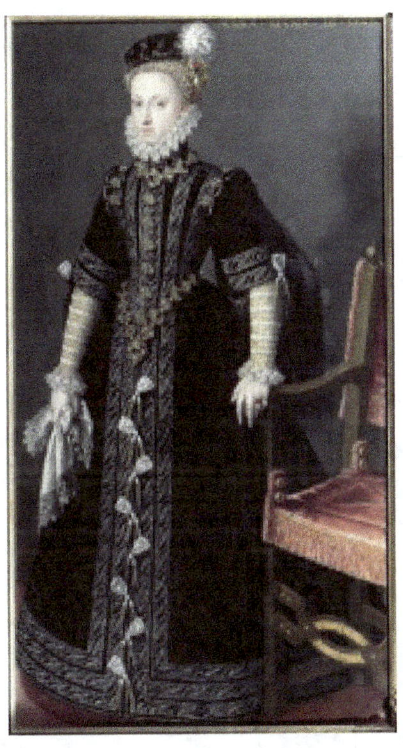

La mujer noble, que era el estándar respetable e ícono de belleza social, debía proteger al máximo su cuerpo.

En resumen, estos ostentosos atuendos consistían de un largo vestido y mangas largas, dejando todo a la imaginación. Los cuellos se hicieron aún más prominentes cubriendo todo el cuello y alargándolo, el peinado era recogido y podían llevar tocados o sombreros.

Llama la atención algunas pinturas de la época donde se reflejan a niñas pequeñas usando estos complejos vestuarios desde edades muy tempranas, lo que nos revela la importancia que se le daba en la época al deber de ser mujer.

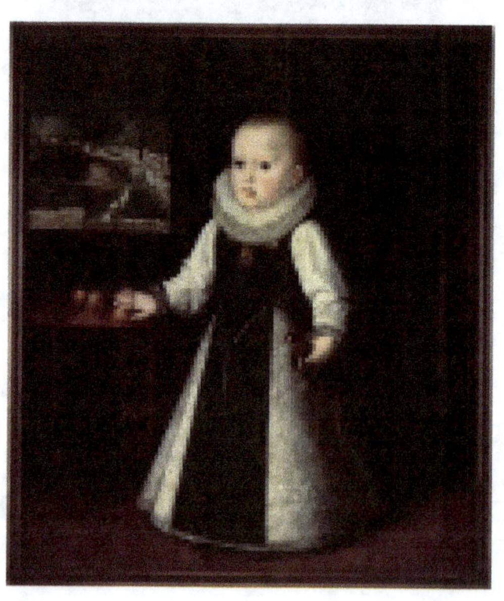

En Europa se expandió el uso del *Chapín* que eran zapatos muy incómodos hechos de madera que elevaban el cuerpo varios centímetros, esto se hacía con la intención de esconder los pies. Estos zapatos hacían a las mujeres tener que arrastrarse y deslizarse en vez de caminar por la incomodidad y pesadez de estos, lo que era considerado un beneficio en aquel tiempo ya que las hacía estar ´´quietas´´.

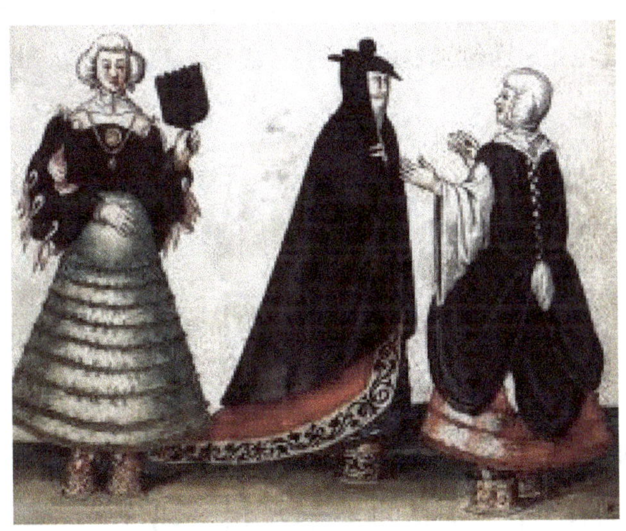

Claro está que todas estas prendas ostentosas eran muy costosas para la mujer común de aquella época, por lo que ellas prescindían de algunos accesorios como los cuellos. Las camisas eran más sencillas y baratas que podían llegar a tener escote; sin embargo, no eran consideradas atentado contra el pudor, estas camisas podían mostrar los brazos, cosa que, permanecía repudiado por las clases sociales más altas.

El corsé en este siglo se populariza entre todas clases sociales sin distinción, ya no se confeccionaba de metal en su totalidad como en el siglo pasado, pero tampoco era tan cómodo como en el siglo XIV.

Estas prendas estaban hechas de tela que tenía incrustado pedazos de hueso o varillas de metal para poder moldear el torso femenino y adaptarla al canon de un torso estilizado, levantar el busto y ensanchar caderas, esto lo lograban colocándose alrededor de sus caderas algodón, lo que hacía más huecas las faldas.

Entre la burguesía las niñas comenzaban a usar esta prenda desde los 12 años de edad y lo seguirían usando hasta el final de su vida ininterrumpidamente.

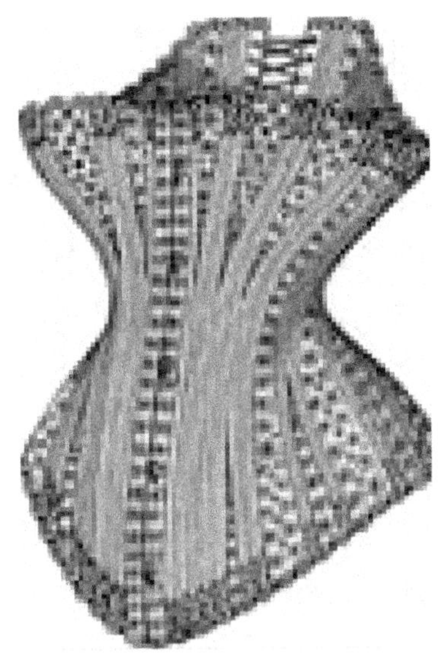

## Siglo XVIII

En este siglo se destacó al 100% la moda femenina, surgió el estilo *Watteau*, este se centraba en faldas muy voluminosas con gran resalte en las caderas, pliegues y una cola hasta el suelo.

París seguía liderando las influencias de la moda, aunque por lo costoso de los productos en otras zonas de Europa surgieron los *revivals*, que eran modas del pasado que se volvían a usar.

Revivió también el escote, se amplió mucho más y dejaba ver parte de los hombros, cuello y nacimiento del pecho. Las mangas no cubrían todo el brazo si no que llegaban hasta los codos y tenían cintas y encajes exagerados.

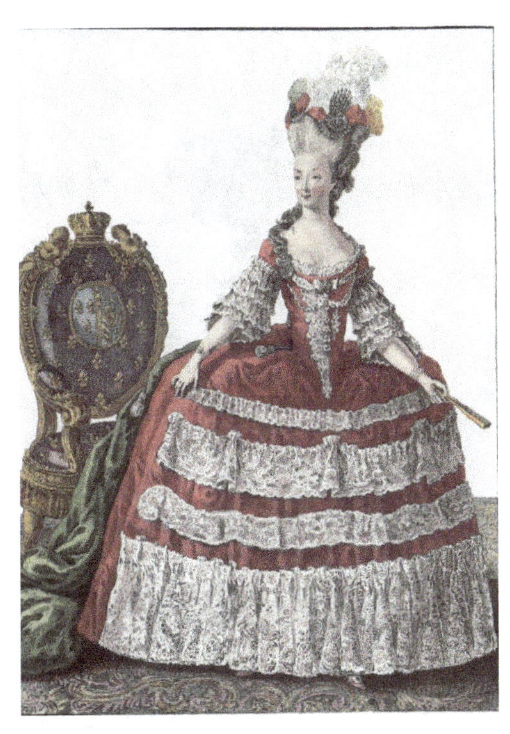

Los *tontillos* se popularizaron, estas eran estructuras rígidas hechos de aros de ballena que se ajustaban a las caderas para dar un efecto de ensanchamiento en esa zona, estás prendas se volvieron tan usadas que cada vez se hacían más y más grandes, cosa que casi inmovilizaba a las mujeres y resultaba muy incómodo junto con el uso del corsé, por lo que luego se optó por almohadillas que se amarraban a esta zona.

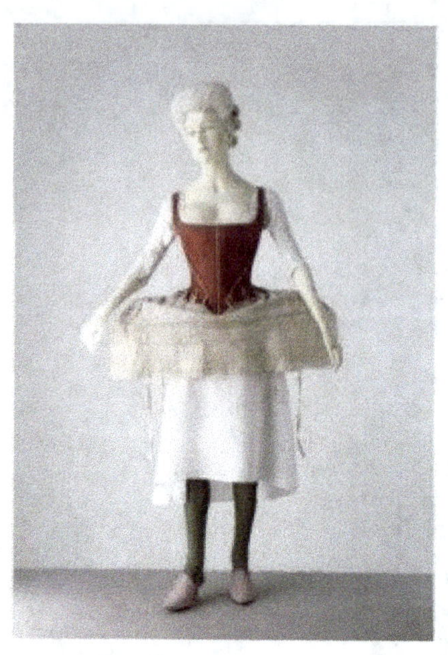

La cintura de avispa era un estándar de belleza por lo que el uso de corsé se potenció aún más. Los corsés eran tan apretados que las mujeres sufrían desmayos recurrentes por la incapacidad de respirar correctamente, por esta razón se crearon los *chaise longue* o los sillones de los desmayos, ya que eran alargado y encajaban con el gran volumen de las faldas, permitiendo que las mujeres pudieran recostarse sin obstáculos.

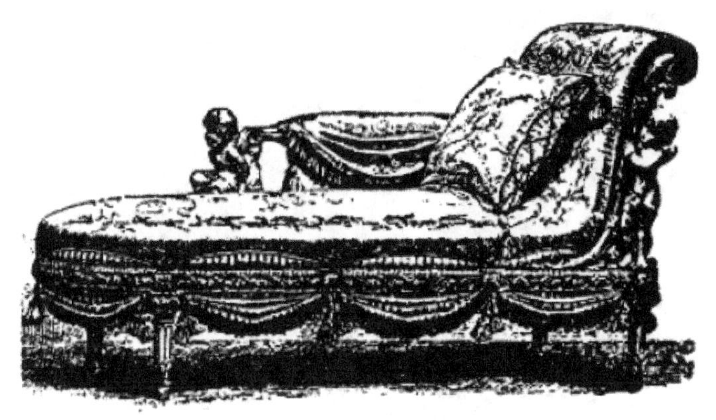

En esta época hubo dos estilos importantes: el vestido a la francesa y el vestido a la inglesa.

El vestido a la francesa tenía la forma de cintura estrecha y caderas anchas usando los tontillos, era plano por delante y por detrás, sus mangas eran hasta el codo con volantes de encaje. El vestido a la inglesa era más informal y cómodo de llevar, no se usaba el tontillo, la cintura tenía forma en V y se resaltaba la parte trasera manteniendo la parte delantera plana.

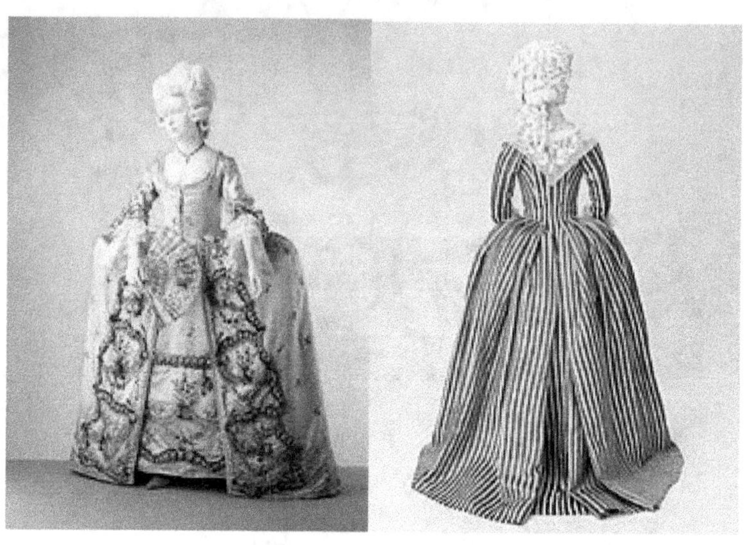

Gracias al Rococó, en la mitad del siglo, los estilos se volvieron más exuberantes, se añadieron más plumas, lazos, perlas, encajes y los abanicos. Todos estos accesorios se complementaron en los vestidos y zapatos de las mujeres.

María Antonieta fue una gran guía para la moda en esa época, ya que todos sabemos que sus vestuarios no eran para nada sencillos.

También podemos notar el uso de las pelucas blancas principalmente en la nobleza y alta sociedad, estas se usaron con el fin de prevenir la tiña y los piojos (enfermedades muy comunes debido a la falta de higiene) y para resaltar la belleza y ocultar imperfecciones, mientras más grandes y decoradas las pelucas, mayor era el estatus social del portador).

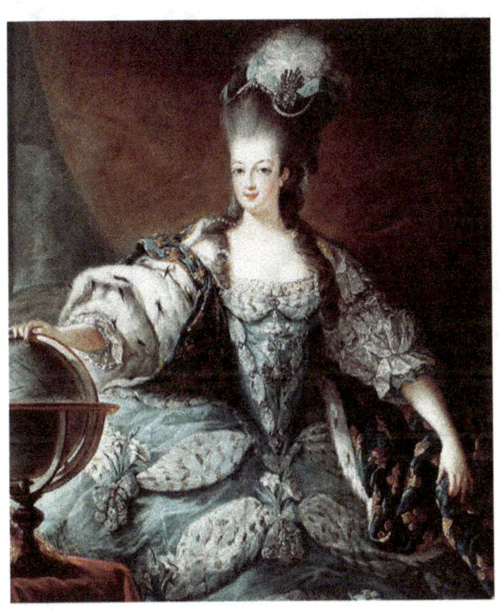

Hacia 1770 la moda tan ostentosa fue perdiendo relevancia, la moda inglesa estaba triunfando y se refería a un estilo más natural, cómodo y rural.

Las mujeres llevaban vestidos más simples, la parte superior era más holgada sin corsé y con escote ancho, las faldas eran fruncidas. Eso sí, se llevaban sobreros grandes con cintas y plumas extravagantes.

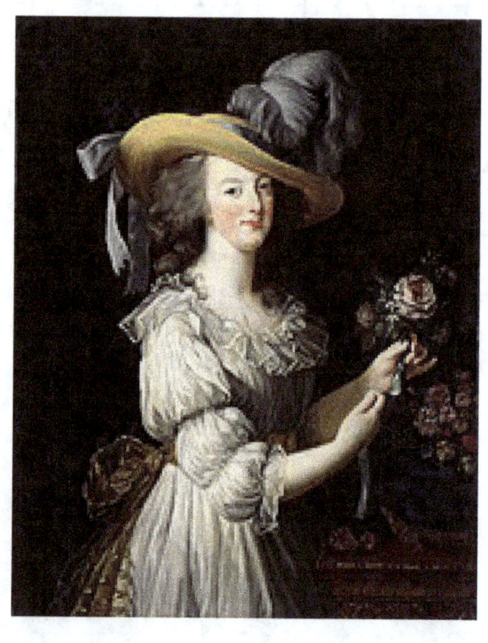

# Siglo XIX

Con la llegada de la edad contemporánea y la terminación de la Revolución Francesa llegó el capitalismo y la lucha de clases sociales.

La burguesía era la clase más influyente debido a su gran poder económico, y en este período cada vez eran más las personas que formaban parte de esta alta sociedad por lo que cosas que solo la élite se permitía hacer en siglos pasados como bailes y veladas musicales cada vez eran accesibles para más personas.

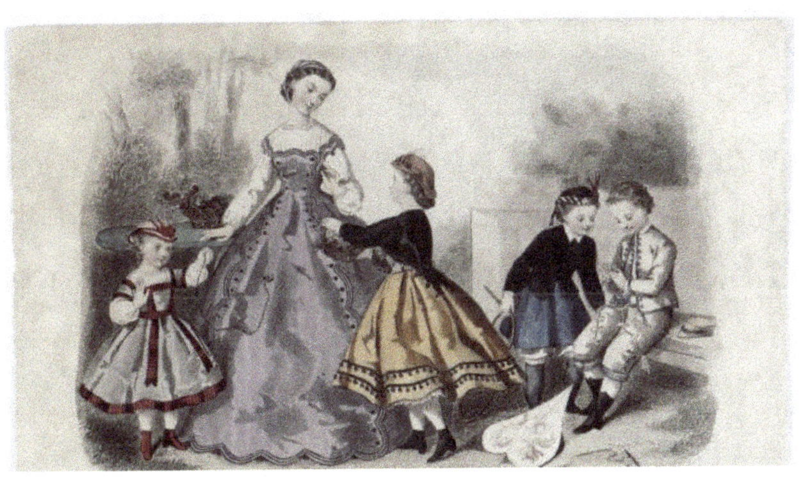

También se afianzó la figura del modista como creador de tendencias y a la modelo, también se implementó por primera vez el término de alta costura, podemos decir que fue el inicio de la cultura de la moda como la conocemos.

Debido a las variadas actividades de esta época, existía un protocolo de vestimenta muy estricto para cada ocasión, claro estaba que no podías lucir igual para ir al parque, recibir visitas de cortesía o ir a actividades sociales y religiosas como asistir a un baile o a la iglesia.

La diferenciación de trajes por sexo se hizo más notable debido a que los trajes masculinos lucían neutrales y sobrios sin adornos, en cambio, el de las mujeres seguían consistiendo de colores y detalles notables.

Se impuso de manera obligatoria el uso del corsé, y las crinolinas debajo de las voluminosas faldas se volvieron la moda dictante, lo que impedía moverse cómodamente, símbolo a la escasa libertad a nivel social.

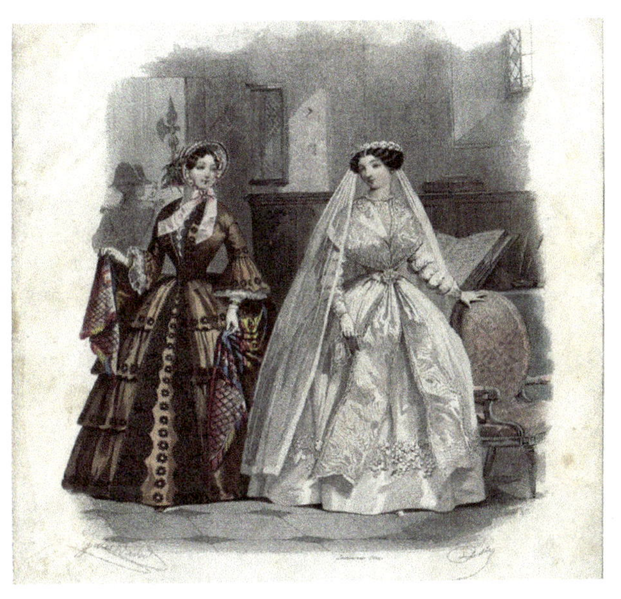

La era de la regencia que tuvo su mayor repercusión en los primeros años del siglo, junto con el neoclasismo pusieron de moda un estilo de vestido nuevo, con influencias inglesas. Este estilo trataba de ser una interpretación moderna de la moda de la antigua Grecia.

Consistía de un vestido de una sola pieza con cintura alta, por debajo de los pechos, realzándolos, además lucía un escote muy ancho y sin mangas. Se usaban sandalias, práctica que llegó a causar tuberculosis y el cabello de llevaba recogido o corto. La famosa serie *Bridgerton* se ambienta en esta época, mostrando así los únicos y hermosos vestidos que se usaron en esta época.

Cabe recalcar que en estos años el corsé quedó en desuso al considerarse una forma de opresión y además causaba abortos naturales.

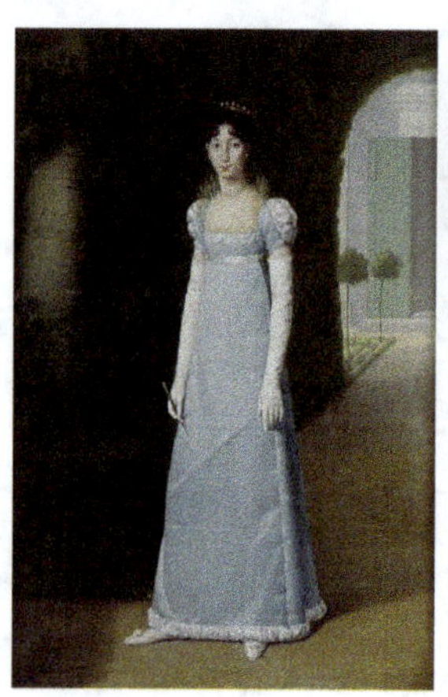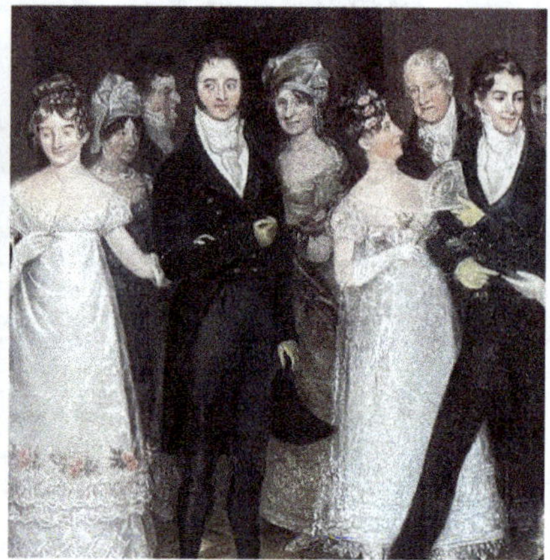

Hacia los 1820´s las faldas se hicieron más largas y amplias en forma de campana con telas vistosas y costuras visibles, sin embargo, dejaban ver las medias y los zapatos, que también incluían vistosos adornos. Los vestidos se hicieron más adornados y se devolvió el uso de sombreros decorados con flores y plumas grandes.

La cintura se hacía cada vez más pequeña con el uso de corsés, que resurgieron en esta década y se normalizó su uso diario otra vez, el escote era en pico o barco dejando ver los hombros, las mangas eran largas de noche y cortas de día, muy voluminosas.

Se usaban abanicos, cinturones, bolsos, sombrillas o parasoles. Las joyas tomaron mucha importancia, así que todo tipo de broches, brazaletes, pulseras y anillos eran usados. El peinado se usaba recogido con rizos.

Por la influencia del romanticismo este período se enfocaba en una estética delicada en la mujer, buscando siempre una tez pálida casi enfermiza y aspecto melancólico.

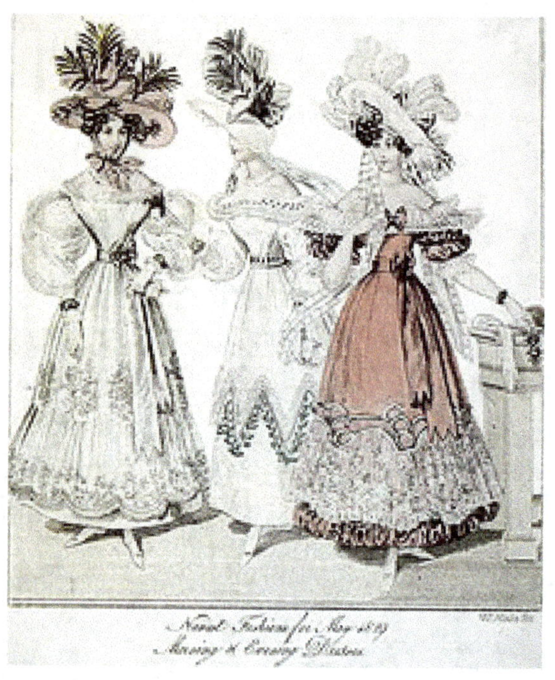

Llegamos a una de mis épocas favoritas en cuanto a moda: **La época victoriana**. Este período comenzó en 1837 y terminó en 1901 junto con el reinado de la reina Victoria de Inglaterra. Al principio, cuando la reina Victoria ascendió al trono era considerada sin estilo, sin embargo, con el pasar del tiempo marcó tendencia y todas las mujeres de alta sociedad querían vestir como ella y tener los mismos pasatiempos.

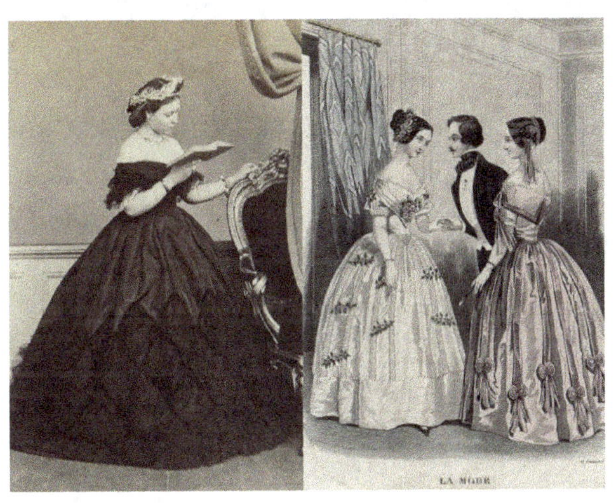

La tendencia era un estilo neogótico, con el uso de telas más pesadas, hombros caídos y mangas ceñidas. Las faldas seguían teniendo forma de campana decoradas con guirnaldas, volantes y plisados. En 1859 la crinolina llegó a su máximo tamaño dando lugar a las llamadas líneas princesas.

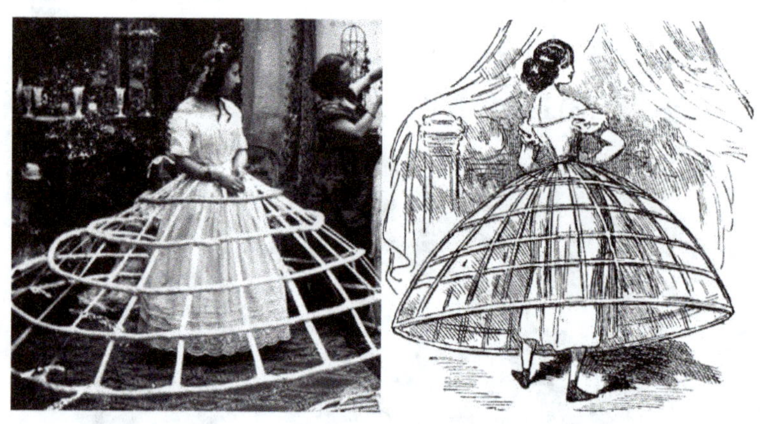

Hacia 1845 las mangas largas en forma de campana o voluminosas en los hombros marcaron tendencia, cosa que se mantuvo durante casi todo el resto del siglo.

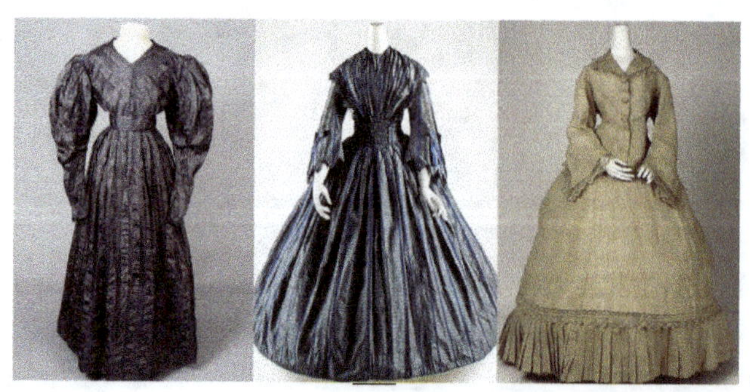

El uso del negro estaba asociado con el luto, en esta época los protocolos eran muy estrictos y especialmente las mujeres, mientras más cercanía hubieran tenido con el fallecido, más tiempo de luto llevarían, llegado a alargarse desde 4 a 18 meses.

Cuando la reina Victoria enviudó en 1861, comenzó a llevar ropa de luto, cosa que extendió hasta el último día de su muerte. Esto, sin querer, marcó una tendencia mucho más sobria y neutral a finales de siglo.

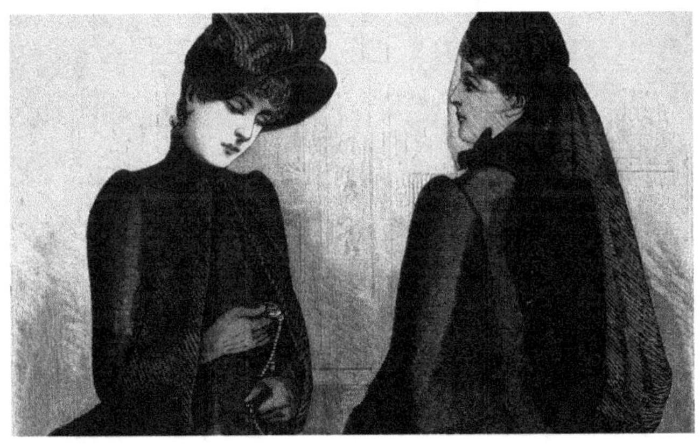

El maquillaje en exceso era asociado con el teatro y los cabarets por lo que las mujeres de alta sociedad se centraban en un look muy natural, aplicaban óxido de zinc para mantener una piel pálida y sin manchas, las cejas las llevaban definidas y peinadas y en los ojos llegaban a aplicarse gotas de belladona en los ojos para darles una apariencia más cristalina con pupilas dilatadas.

Cabe recalcar que la ciencia en esta época era muy precoz, por lo que muchas cosas que parecían inofensivas en esta época podían causar graves consecuencias, como la belladona, que es venenosa y al ser aplicada en los ojos puede causar ceguera, parálisis o muerte.

En 1870 se usaron almohadillas traseras llamadas bullicio, que resaltaban la parte trasera de los vestidos. Formando así el concepto de las mujeres en forma de S, con pecho prominente, cintura pequeña y parte trasera exagerada. Este fue un estilo nunca antes visto.

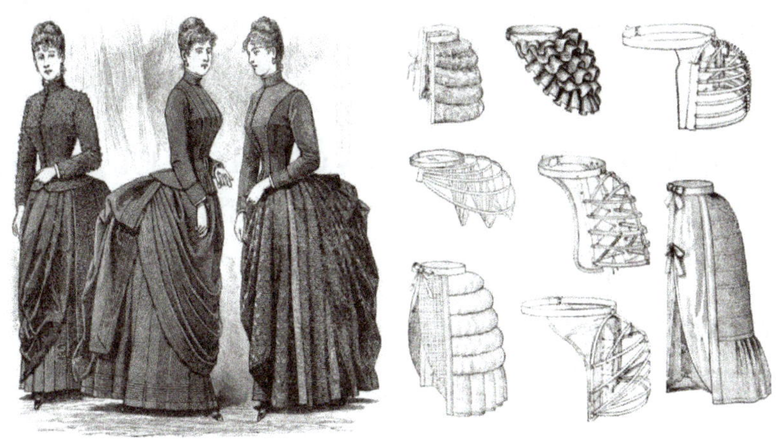

Para finales del siglo XIX la ostentosidad de la moda se tranquilizó, las crinolinas y faldas voluminosas redujeron su tamaño, ajustándose en la cadera. Se adaptaron chaquetas a medida tipo sastre, que mostraban confianza y buena postura, estas fueron señales tempranas de la revolución femenina. Los tocados y sombreros seguían usándose, pero de una forma más sutil.

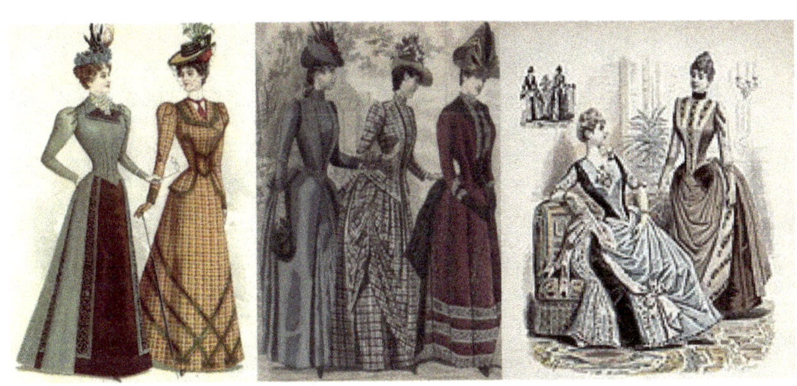

Con la llegada de la revolución industrial, la industria textil avanzaba a pasos agigantados, en 1846 se creó la primera máquina de coser y en 1851 fue mejorada. En las revistas se encontraban patrones para confeccionar vestidos en casa. El auge de la industria provoco un balance en precios y propició la venta al por mayor.

Debido a la práctica del deporte se crearon vestimentas especiales para eso, como el traje de baño.

El traje de baño aparece a finales del siglo y constaba de un vestido de mangas cortas con pantalones por debajo y sombrero para evitar broncearse (símbolo de estatus social)

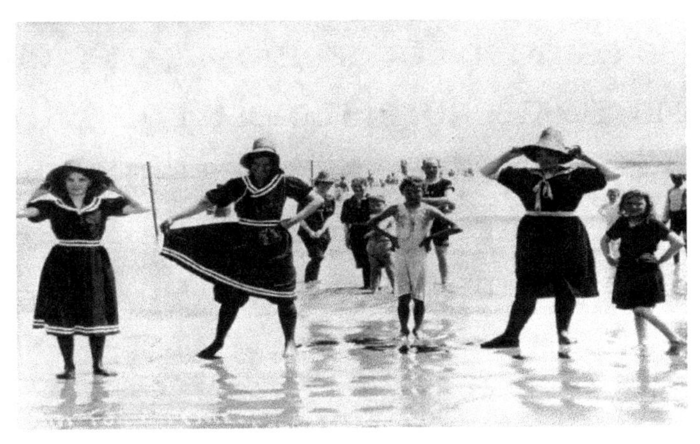

Aquí podemos ver el triunfo de las revistas o periódicos de moda, cosa que permitía democratizar la indumentaria y por primera vez se desarrolló el cambio de tendencias por temporada que, en su mayoría provenían de París. De hecho, *Vogue* fue creado en 1883.

El *jean* vio la luz por primera vez en 1873 por Levi Strauss, que los creó para los hombres que trabajaban con trabajo pesado, ya que eran mucho más resistentes que los pantalones comunes.

El bolso como lo conocemos se creó en esta centuria, de hecho, el famoso bolso *Kelly* de la marca de lujo Hermés (marca que comenzó confeccionando guarniciones y sillas para montar) fue creado en 1892.

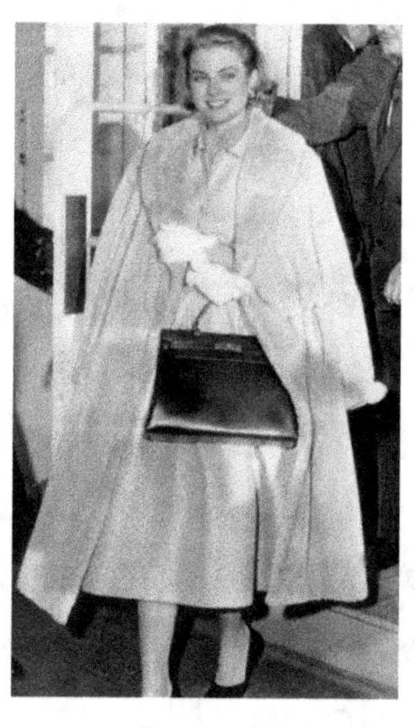

# Capítulo 3: La moda en su mayor apogeo

## Siglo XX

Hemos llegado al siglo donde hubo la mayor comercialización y desarrollo de la moda, más que todo el concepto de alta costura. En este siglo se originaron las casas de moda más grandes y reconocidas, el concepto de diseñador alcanzó un estatus de prestigio.

La moda se hizo más asequible para todas las clases sociales gracias a la globalización, y el desarrollo de las vías de comunicación propició el desarrollo de muchas tendencias al mismo tiempo y por temporadas.

### 1900´s:

Hasta 1905 la moda se mantuvo relativamente igual, siguiendo las últimas tendencias de finales del siglo XIX, la silueta en forma de S seguía siendo las vestimentas predeterminadas para las mujeres.

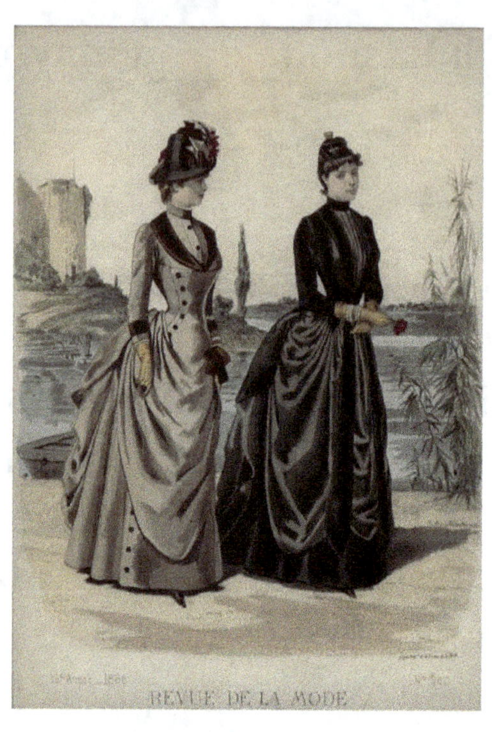



Fue en **1906** que se originaron los primeros cambios importantes, en este año se eliminó de la vestimenta femenina el corsé, gracias a *Paul Poiret,* quien introdujo los vestidos que permitían más movilidad siendo rectos hasta los pies y sin cintura marcada, por ende, sin usar corsé. Este diseñador también fue el primero en crear su propio perfume.

Sin embargo, su decadencia comenzó cuando tuvo que luchar en la Primera Guerra Mundial y al regresar no supo adaptarse a lo que querían las mujeres de época, lo que lo llevó a la ruina.

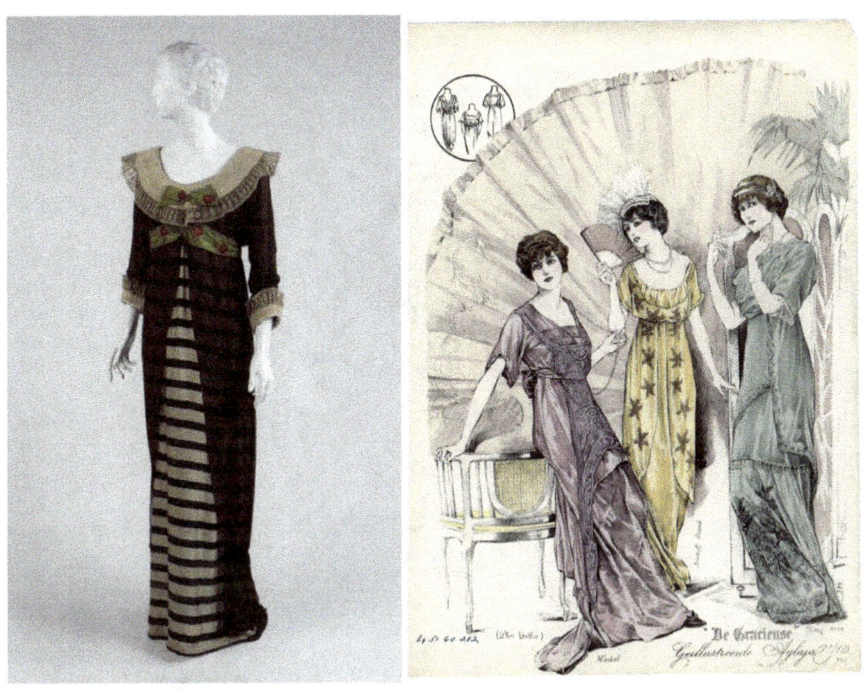

Otro diseñador importante fue Mariano Fortuny, quien no se consideraba a sí mismo como tal. Él creó los vestidos *Delfos,* en 1907. Eran totalmente rectos hasta los pies con tela plisada.

En la década de los 1900´s también evolucionó el uso del traje de baño. Este era confeccionado con lana, lo que hacía muy incómodo debido a que llegaba a pesar más de tres kilos.

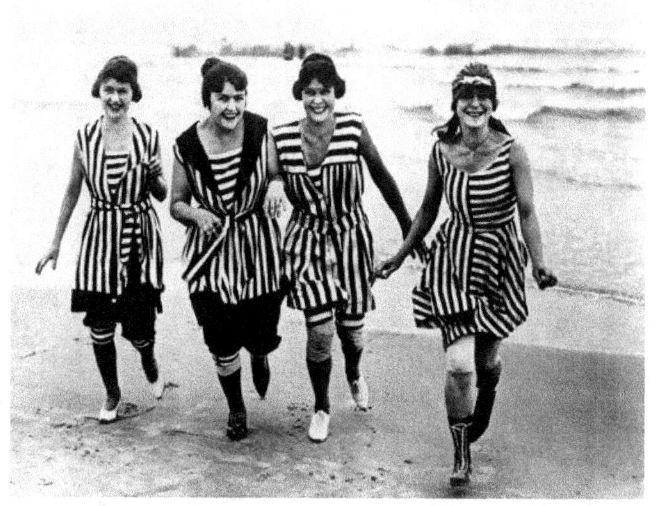

**1910´s:**

Ya para los años de 1910 se consolida el gran aliado para la mujer: el traje sastre. Este constaba de una chaqueta larga y una falda que con el pasar de los años se fue acortando, dejando ver los tobillos.

Los sombreros y tocados se hicieron más grandes, con plumas y flores. La extravagancia de tanto los vestidos como de los sombreros dependían de la posición social.

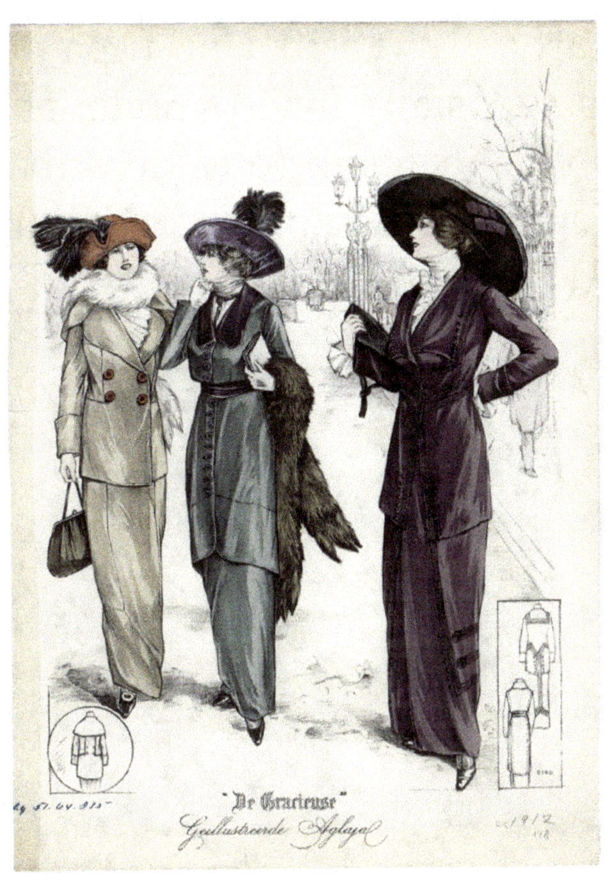

Durante la Primera Guerra Mundial de 1914 a 1918, los cambios sociales y económicos se ven reflejados en la moda. Las mujeres tuvieron que suplir la mano de obra masculina faltante, por ende, estas comenzaron a vestir la ropa de sus maridos. Cosían los pantalones a su medida y usaban sus botas de trabajo, esto fue ridiculizado en su mayoría por la alta sociedad.

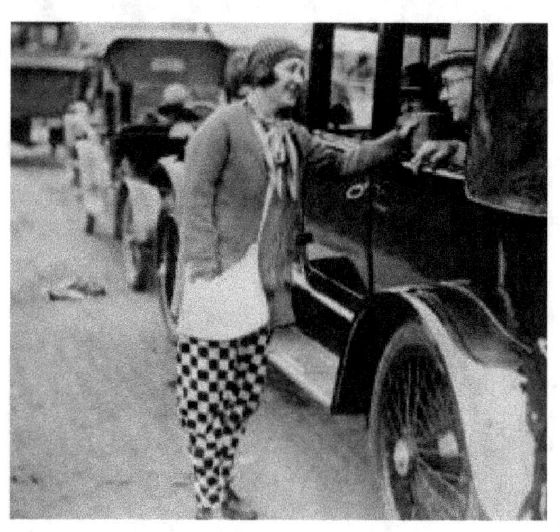

Sin embargo, para el día a día o cuando no debían ir a trabajar, el atuendo seguía siendo un vestido, pero, esta vez la falda tenía menos pliegues para lograr mayor comodidad.

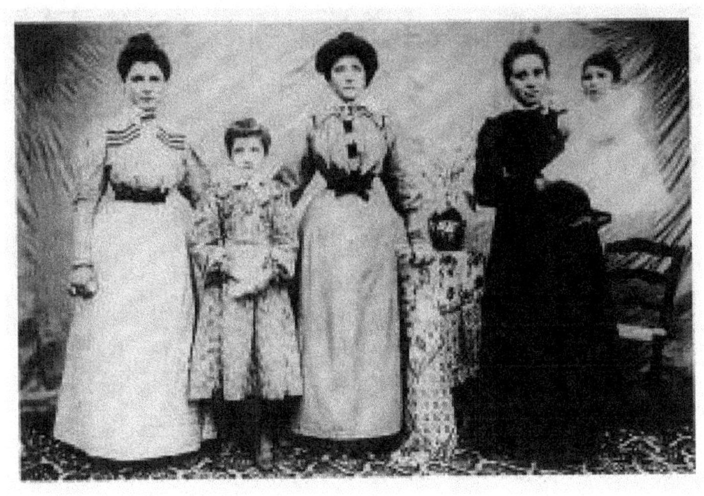

En esta época se acentuó una necesidad sobre todas las demás: la comodidad. A pie de esto se generalizó el uso del sujetador, patentado por Mary Phelps en 1914, como sustituto definitivo del corsé.

Mary creó el sujetador con dos pañuelos y un poco de cinta. Vendía los sujetadores a sus amigas por un dólar, sin embargo, tras fabricar cientos de unidades, su marido la convenció para que cerrara su tienda, por lo que termino vendiendo la patente a Warner Brothers Corset Company por 1500 dólares, Warner Brothers ganó más de 15 millones de dólares con el diseño.

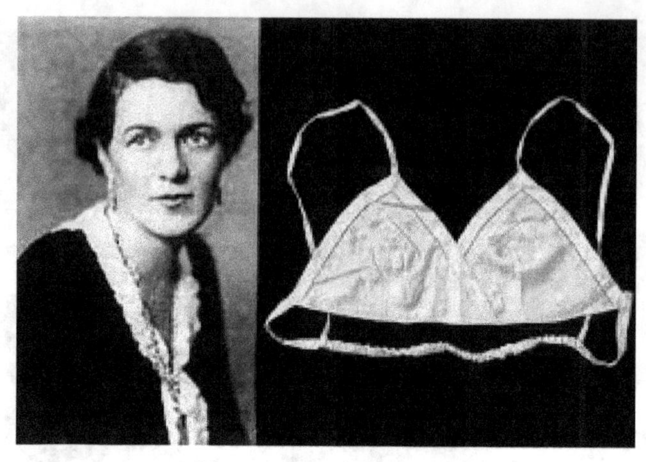

Las industrias de lana habían sido destruidas por los bombardeos, sin embargo, aún se fabricaba la seda, pero este tejido no era muy recomendable para vestir a las enfermeras de los hospitales o para mantener la temperatura en tiempos de frío.

Para 1917 aparecen los primeros diseños de Coco Chanel, quien compra todos los excedentes textiles de una fábrica de ropa interior masculina, ella reinventa la vestimenta femenina. Sus diseños constaban de conjuntos de dos faldas largas, pero sin sobrefaldas o artificios, un ligero bordado y cuello camisero.

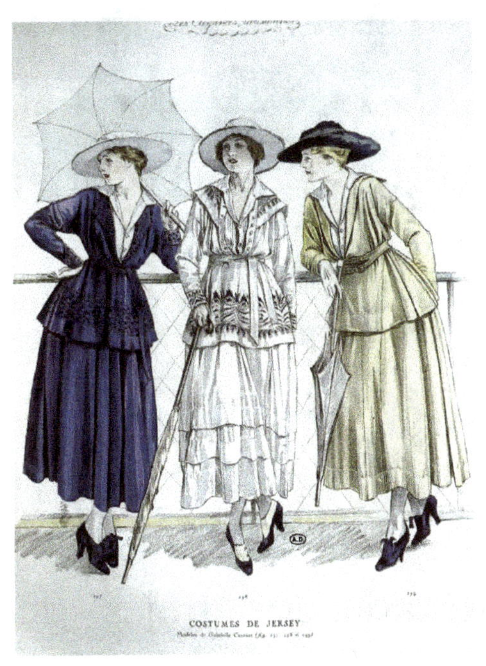



A finales de la guerra, se crea el vestido *barril*, el diseñador Lanvin usa el conflicto como marketing, ya que promocionaba que su diseño usaba solo 4,5 metros de tela en vez de los 8 metros que requerían los vestidos de crinolina. Lanvin también introduce el delantal, que se convirtió en un *must* indispensables para las mujeres en puestos de trabajos de hospitales o talleres.

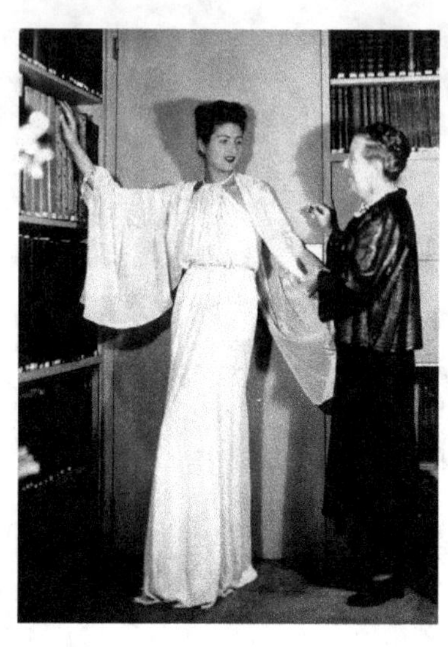

En esta década los trajes de baño se acortaron y mostraban más piel, también se buscaba mayor ajuste al cuerpo, lo que derivó en multas por llevar el traje muy corto. Incluso habían puestos en las playas donde medían el largo de los trajes de baños de las mujeres y si no cumplían la medida indicada podían recibir multas.

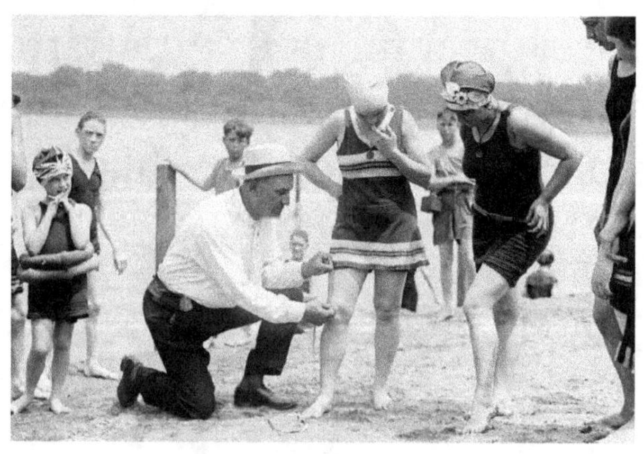

Dato: durante esta época se popularizaron las pulseras de reloj diseñados por grandes como Rolex, que se establecieron como un básico para los oficiales que coordinaban los movimientos de las tropas en las trincheras.

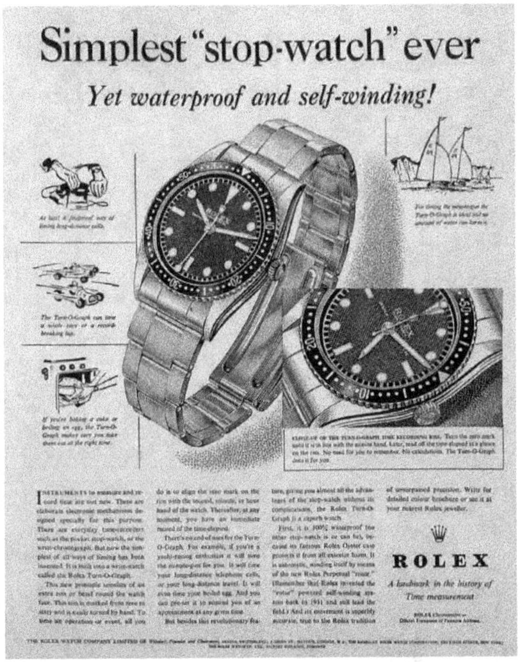

## 1920´s:

Los famosos *alegres años 20* estuvieron marcados por el fin de una guerra, por ende, un espíritu de optimismo y alegría que se refleja en la moda. La moda pasa a ser parte relevante del mercado: las publicidades de ropa, maquillaje y accesorios están por todas partes y las mujeres querían mostrar su mejor imagen.

Los looks de día y de noche eran claramente diferentes a la vista, los de día eran rectos y sencillos, pero, al llegar la noche se transformaban en atuendos coloridos con lentejuelas, plumas y brillos.

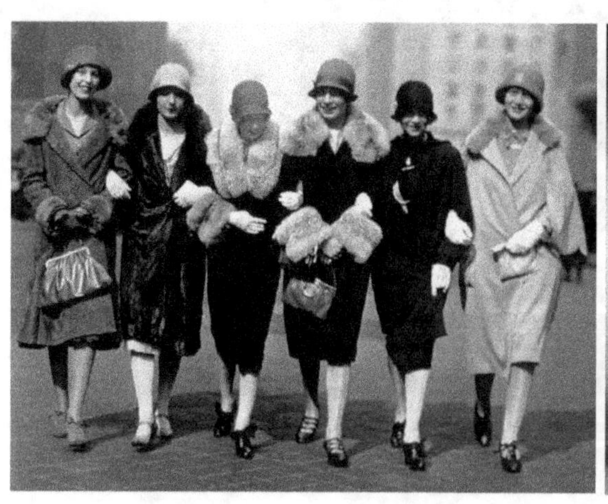 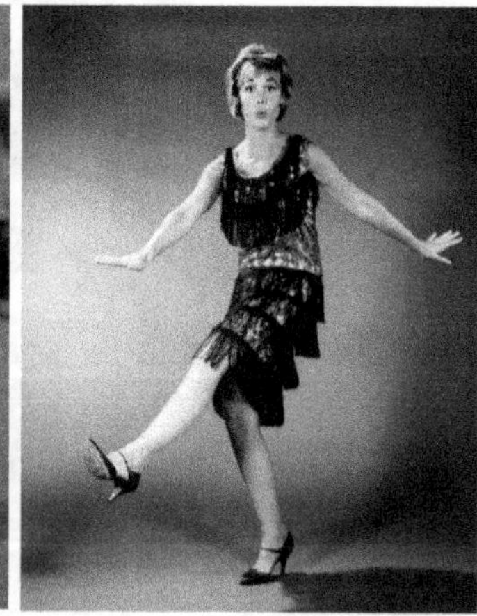

Las faldas, especialmente las de las más jóvenes, comienzan a acortarse, luciendo sin ningún pudor las piernas.
La cintura de los vestidos era cada vez más baja, los cortes eran holgados y rectos, pero sin dejar la femineidad de lado, dando un aspecto andrógino.

En este contexto aparecen las *flapper* que llevaron la liberación de la mujer un peldaño más arriba, este término se refería a la dama de cabello corto, vestido de tirantes, abundantes joyas y que fumaba y bebía en público mientras bailaba con un desconocido. Podemos decir que fue el primer estilo *aesthetic* moderno

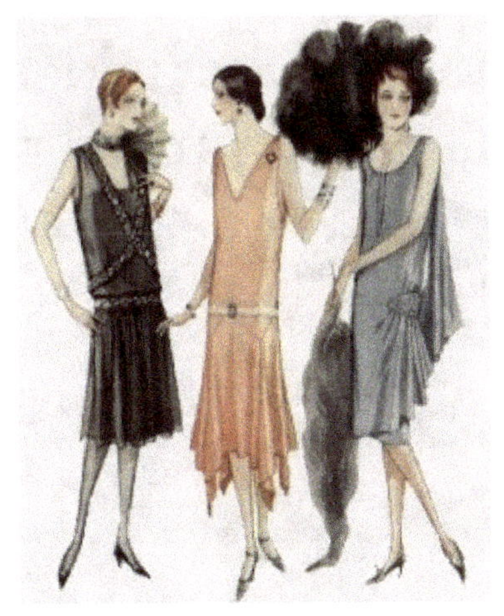

En 1926 se creó el *Little black dress* por Coco Chanel, este se convirtió en un clásico atemporal para todas las mujeres sin importar la clase social, y fue revolucionario si tomamos en cuenta de que el negro era usado principalmente para el luto desde hace siglos.

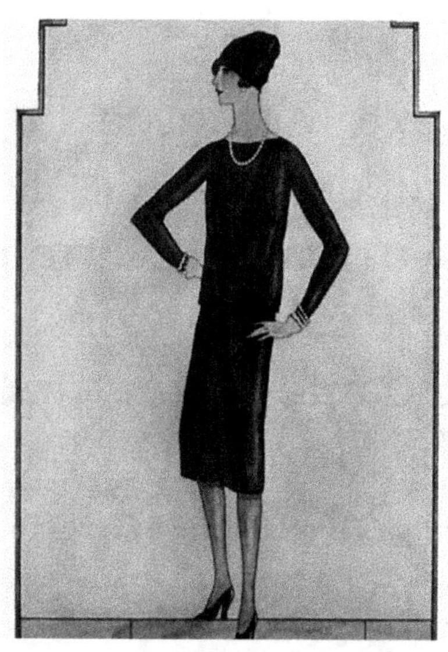

Los accesorios en esta década fueron imprescindibles, las plumas, perlas, cintas, sombreros y tocados se veían en cada esquina.

Las medias de seda se convirtieron en un básico debido al acortamiento de las faldas. Los guantes ayudaron a definir el estilo femenino de la década. Los zapatos de tacón, eso sí, bajos y cómodos, no podían faltar, ya que, si algo se hacía en las noches era bailar hasta el amanecer.

## 1930´s

Con el crack del 29 los felices años de la década de los 20 se dieron por terminado. La crisis económica se vio reflejada en la moda, que tuvo que apegarse a las telas más baratas y adaptar un estilo más sencillo y sobrio. Al haber llegado al límite en cuanto a silueta la década pasada, los años 30 pusieron un freno y la moda volvió a tener influencias pasadas. Lentamente las mujeres se dejaron crecer el cabello, las faldas de alargaron otra vez, pero sin llegar al tobillo, y la cintura volvió a ceñirse alta, pues el ideal de silueta femenina correspondía con la delgadez.

Aquellas mujeres que aún se lo podían permitir usaban trajes de noche de terciopelo y satén, con escotes amplios en la espalda y falta de accesorios.

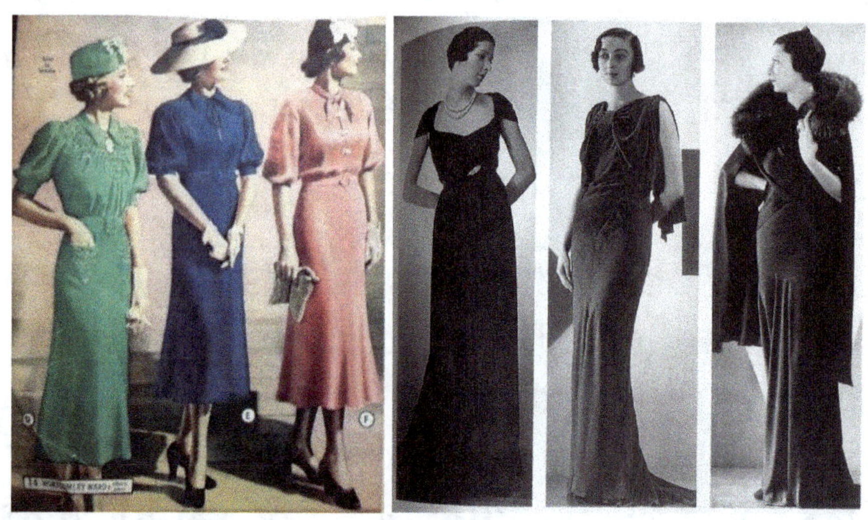

Los años 30´s fueron la época dorada de Hollywood, las productoras tenían sus propios diseñadores y junto con las amadas actrices de la época luciendo los diseños en pantalla grande, se marcaron tendencias y todas las mujeres de la época deseaban lucir de esa manera.

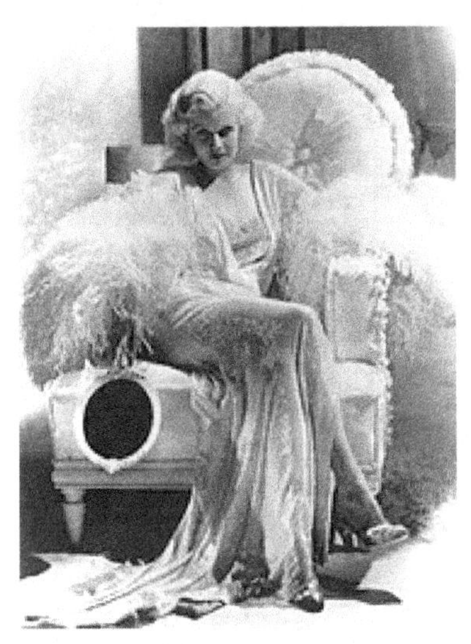

A finales de los 30´s surgió un *revival* de la era victoriana, llamado estilo neovictoriano. Debido a la crisis económica de esos años producida por el crack del 29, se generó una reacción inversa tratando de huir de la realidad recurriendo a la nostalgia y añorando años pasados, lo que se tradujo en traer de vuelta tendencias de esta era.

La tendencia se transformó en vestidos con faldas más voluminosas y un talle superior estrecho.

También surge el concepto de closet intercambiable, para poder formar outfits diferentes mezclando prendas de vestir.

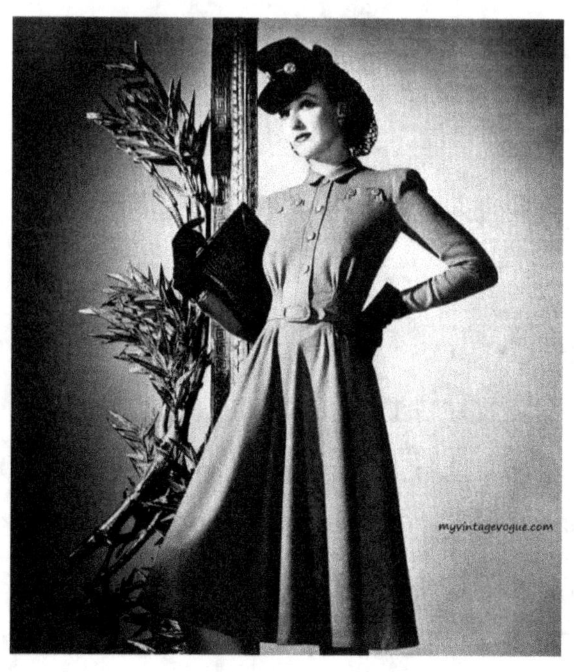



En esta época los sujetadores también evolucionaron, en 1932 correlacionó el tamaño de las copas con letras de la A la D y también se añadieron bandas ajustables con gancho y argolla, para este momento todas las mujeres preocupadas por la moda ya llevaban sujetador, pero no fue hasta los años 50 que se generalizó para toda la población femenina.

También fueron años de liberación de la silueta de la mujer por lo que los trajes de baño mostraban más escotes y las telas se pegaron más al cuerpo.

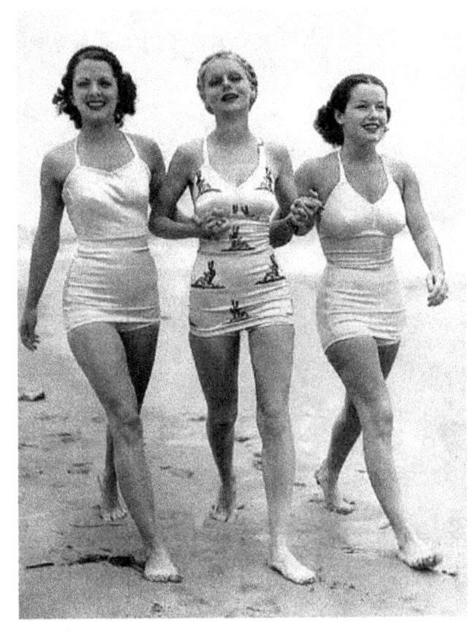

**1940´s:**

La moda en esta década se caracteriza por la estrechez económica empezada por la Segunda Guerra Mundial en 1939. Las prendas tenían influencias del estilo militar, carecían de dobladillos, bolsillos, en general todo lo que presentase un malgasto de tela. Las telas escaseaban por lo que el largo de las faldas se acortó.

La seda se usó en su mayoría para confeccionar paracaídas, así que las medias escasearon, algunas mujeres las reemplazaron por calcetines y otras se pintaban una línea oscura por detrás de las piernas para aparentar que llevaban medias.

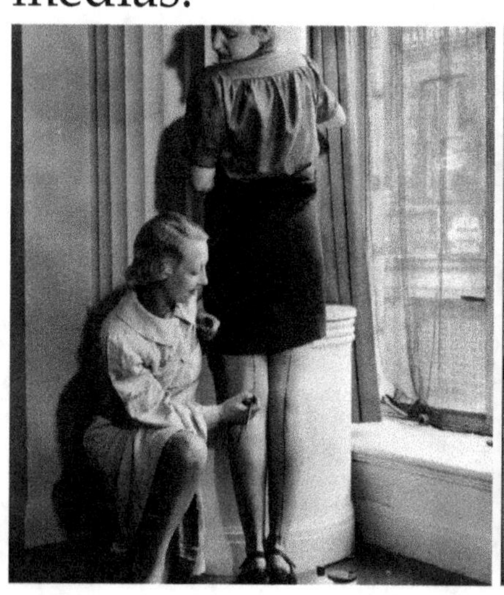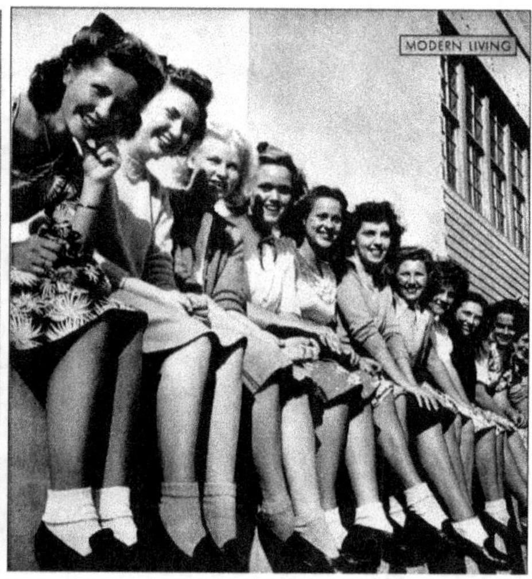


Los cortes simples fueron los más utilizados y por ende lo que sobresalía eran los estampados, pero siempre manteniendo un estilo discreto y recatado ya que la imagen de *diva* ya no estaba bien vista.

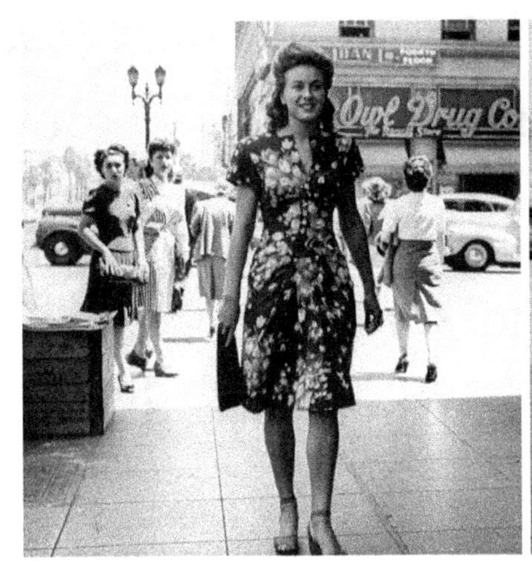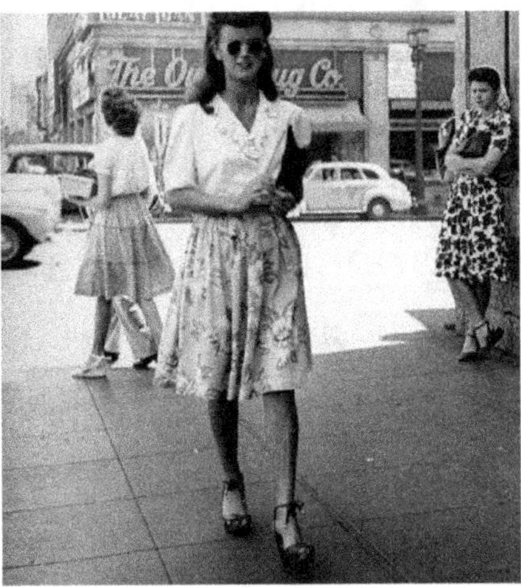

La prenda más escandalosa de los años 40´s fue el *short,* creado por la necesidad. También apareció la falda tubo y la estiletto. Los bolsos y accesorios se convirtieron en una forma de avivar prendas sencillas y los cinturones fueron un básico para acentuar la cintura.

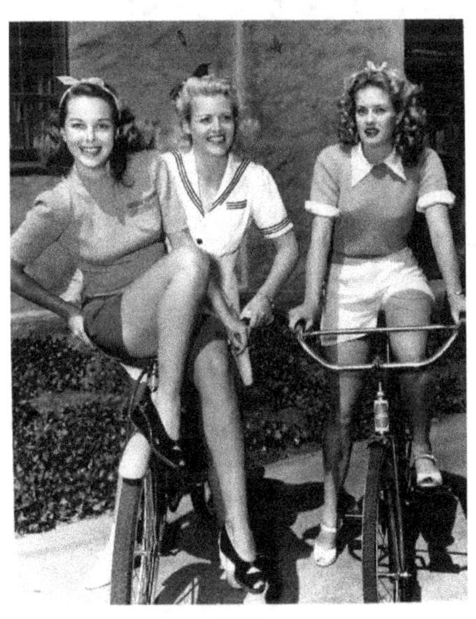

El toque de rojo tanto en la ropa como en los labios estuvo en tendencia ya que potenciaba el *look*.

El cabello se llevaba con largo medio y ondas, a veces se usaban pañuelos para disimular los cabellos descuidados debido a la escasez.

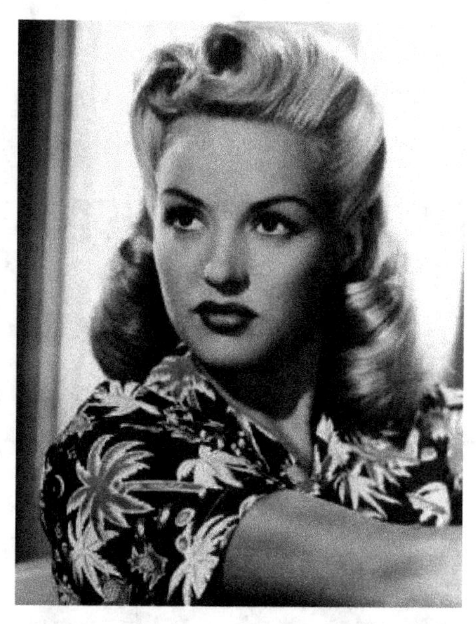

Durante estos años las mujeres tuvieron que recurrir de nuevo a ocupar puestos de trabajos que los hombres habían desocupado para ir a la guerra, por lo que comenzaron a vestir de nuevo las prendas de sus esposos.

De hecho, durante estos años se creó la famosa publicidad de *We can do it!* Para empoderar a las mujeres a realizar estas tareas, ahora es considerado como un símbolo mundial del feminismo.

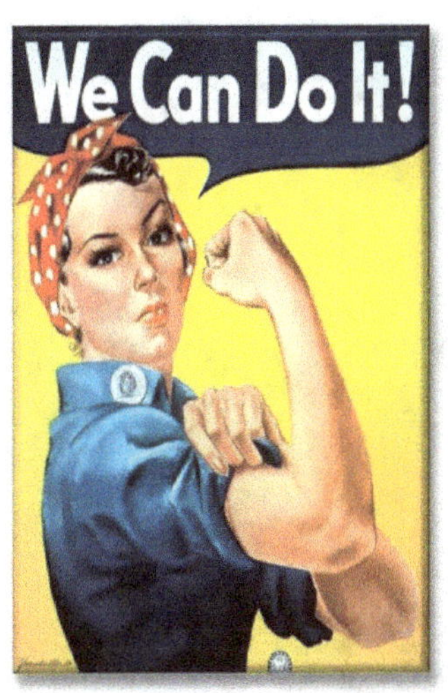


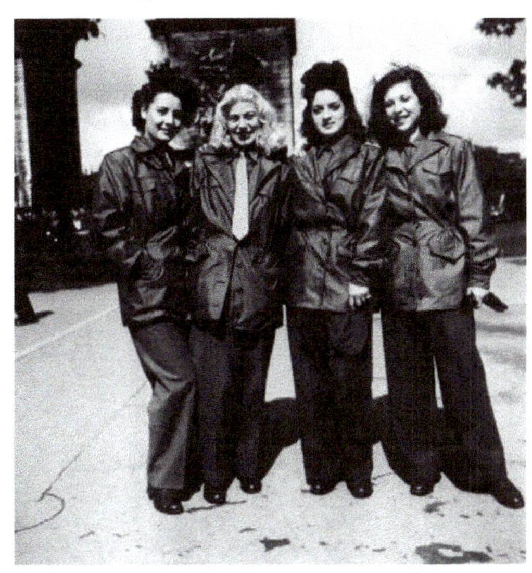

En cuanto a sujetadores, los modelos de la época dejaban gran cantidad de tela en el centro, lo que creaba un aspecto más separado. También, en 1947, se introdujo el primer sujetador con relleno, creando así, el *push up*.

En 1946 se creó el primer *bikini* por el ingeniero francés Louis Réar, este modelo generó un gran escándalo, por lo que ninguna modelo de la época quería lucirlo. Fue una *stripper* quien terminó modelándolo pese a las críticas. Sin embargo, luego fue tomando relevancia al ser lucido por actrices de la época.

En 1945 terminó la guerra, pero a las mujeres les tomó dos años más para cambiar el estilo.

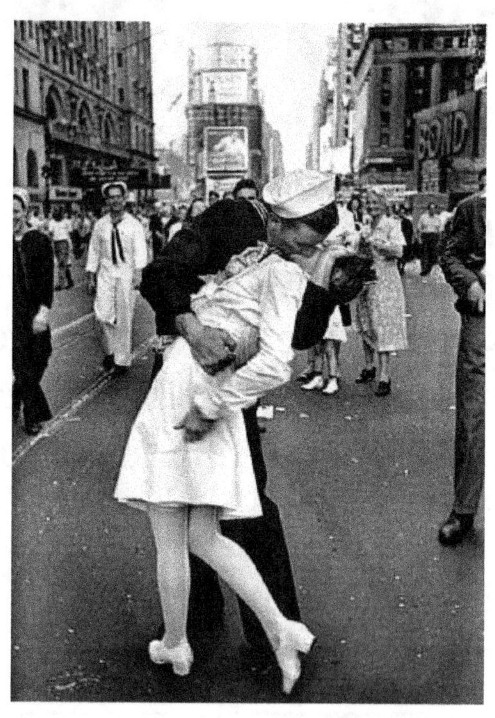

En 1947, Christian Dior lanza el famoso *New look*, que revolucionaría la moda de esos años. La cintura estrecha, hombros definidos y faldas grandes y largas a 20 cm del suelo daban un look femenino y demostraban la recuperación del lujo y extravagancia.

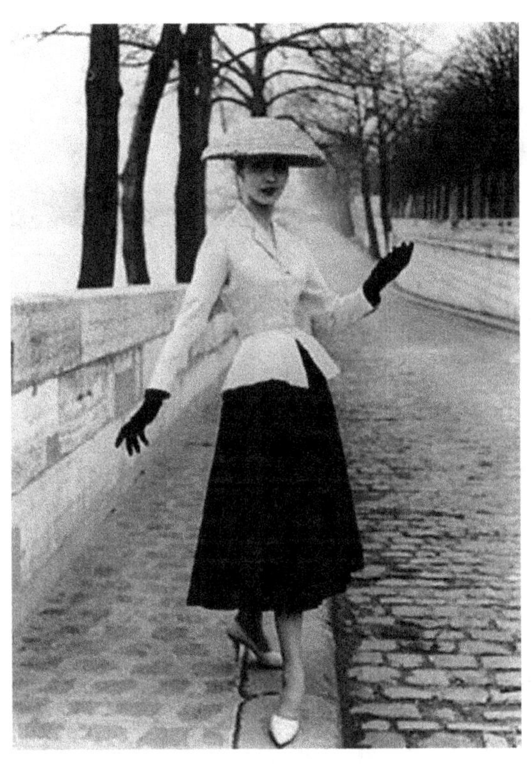

**1950´s:**

Luego de las crisis ocasionadas por las dos primeras guerras mundiales, las mujeres volvieron a querer sentirse bellas y seductoras, como lo habían hecho en los años 20. Esta década es considerada como **el renacer de la moda y la belleza.**

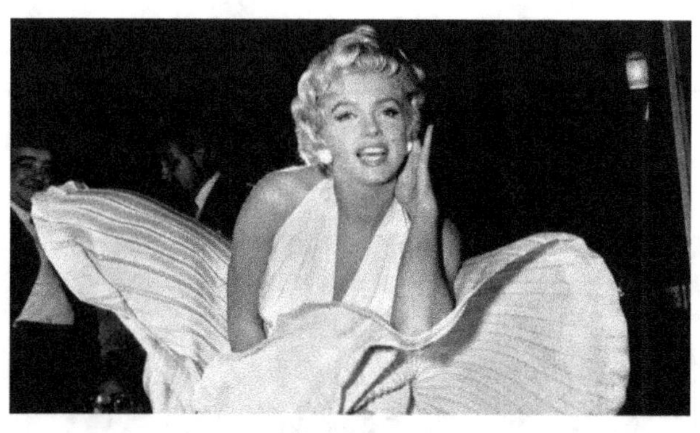

Con las prendas y la nueva tendencia del *New Look* las mujeres buscaban resaltar sus bustos, caderas y la cintura. La silueta buscada por todas era el de reloj de arena, y los accesorios de llevaban con cada *outfit,* los guantes, perlas, pañuelos, bolsos, maquillaje y, claro, los labios rojos que captaran la atención eran no negociables.

Con la llegada de los hombres a las casas, las mujeres volvieron al hogar, enfocándose en tareas domésticas, pero siempre buscando verse lo más atractivas posible para sus esposos y eventos sociales.

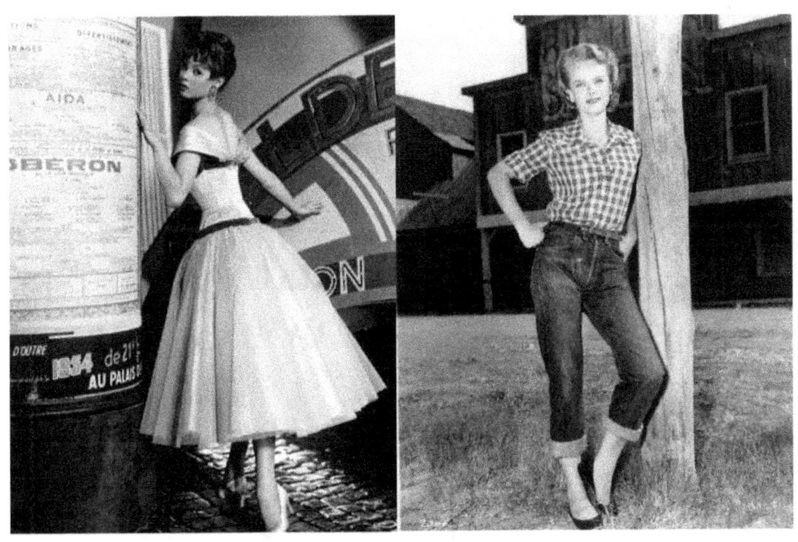

Se popularizan los pantalones de talle alto entre las mujeres, escotes en forma de corazón, los hombros descubiertos y zapatos de tacón.

Los vestidos seguían siendo la prenda determinada por excelencia, marcado la cintura, ya sea ceñido al cuerpo o solo ceñido al torso y con falda acampanada pero siempre por debajo de las rodillas, podríamos decir que fue la primera vez en la historia que las mujeres tenían más opciones en cuanto a la hora de vestir.

Gracias a las siluetas marcadas, el corsé vuelve a ganar popularidad, sin embargo, esta vez tenía telas más elásticas y cómodas.

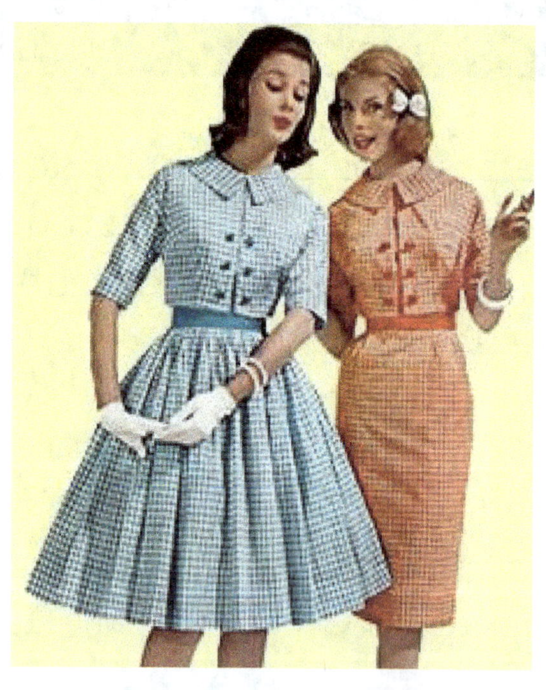

Entre estos años comienza a maximizarse el concepto de la adolescencia, los jóvenes comienzan a formar sus estilos propios diferenciándose de sus padres. El rock´n´ roll fue una gran influencia para la juventud, y mucho más con la llegada del rey del rock Elvis Presley, los pantalones jeans, el cuero y el uso del negro daba un *look* de rebeldía y juventud.

La atención se enfocaba sobre los más jóvenes y su nueva manera de ver el mundo, algunos mayores criticaban este nuevo estilo y forma de pensar, pero sin lugar a dudas fue un momento de cambios importantes en la sociedad.

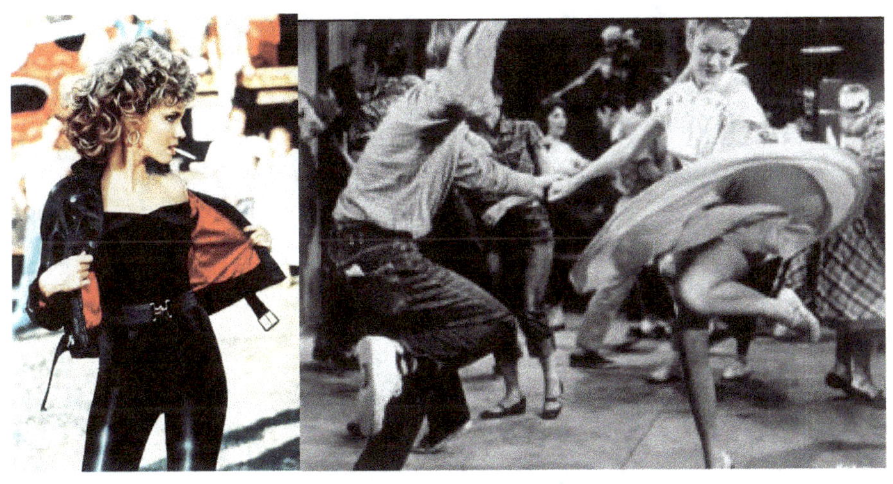

A pesar de que se habían generado diferentes corrientes de estilo como por ejemplo el estilo rockero, los colores pasteles dominaron en la época ya sea en vestidos, faldas, pañuelos o accesorios.

En cuanto al maquillaje las mismas tonalidades pasteles predominaron, el delineado negro de estilo felino, cejas definidas, pestañas postizas y claro, los labios rojos.

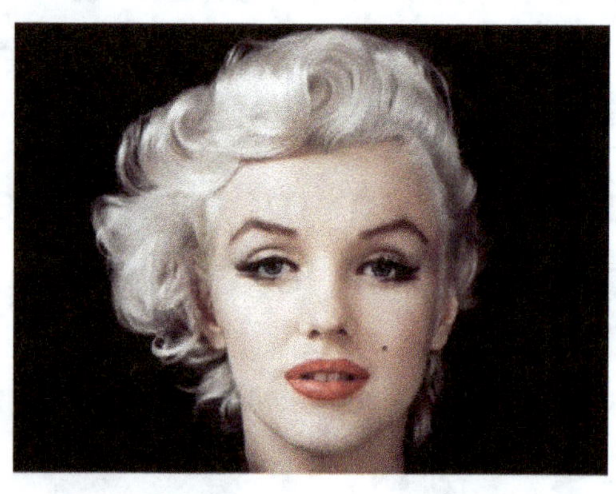

En cuanto al peinado los rizos bien definidos era la tendencia, o los moños al estilo italiano como lo llevaba la actriz Audrey Hepburn. El cabello corto como Marilyn Monroe también se usó y el cabello rubio fue la tendencia.

En esta época la alta costura tiene su mayor expansión como nunca antes se había experimentado, diseñadores como Christian Dior, Yves Saint Laurent, Schiaparelli, Cristóbal Balenciaga y Givenchy dictaban las tendencias poniendo de moda el estilo parisino en todo el mundo.

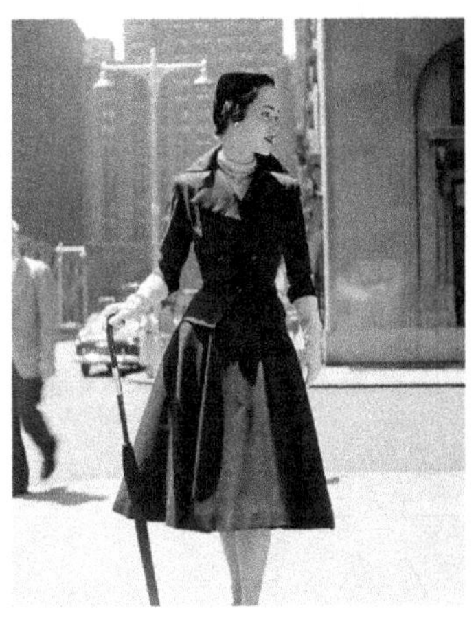

Los trajes de baño de esta época siempre acentuaban la cintura, dando el look de reloj de arena, sin embargo, para mantener la silueta marcada se usaban telas rígidas que tardaban en secarse. Los bikinis comenzaron a popularizarse gracias a actrices y modelos de la época pese a las críticas de los más conservadores.

Los estampados tipo mantel, los colores pasteles y los escotes en forma de corazón eran los más usados.

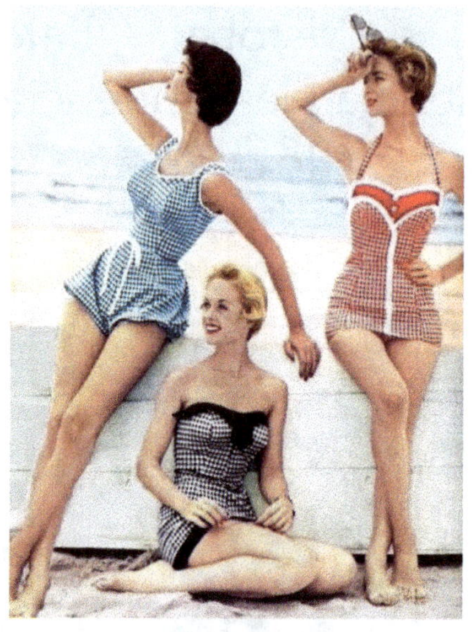

## 1960's:

Esta década fue un momento de muchos cambios sociales y políticos: las mujeres luchaban por sus derechos, la gente no tenía miedo de protestar, las luchas contra la discriminación racial y guerras se hicieron presentes; por lo que todo esto se veía reflejado en la ropa.

Los jóvenes en los 60s influenciados por su nueva identidad de la que se habían hecho dueños desde los 50s gracias al rock´n´roll y sus artistas favoritos, se cansaron de vestirse igual que sus padres, querían una nueva silueta menos encorsetada que respondiera a sus deseos de libertad y diversión.

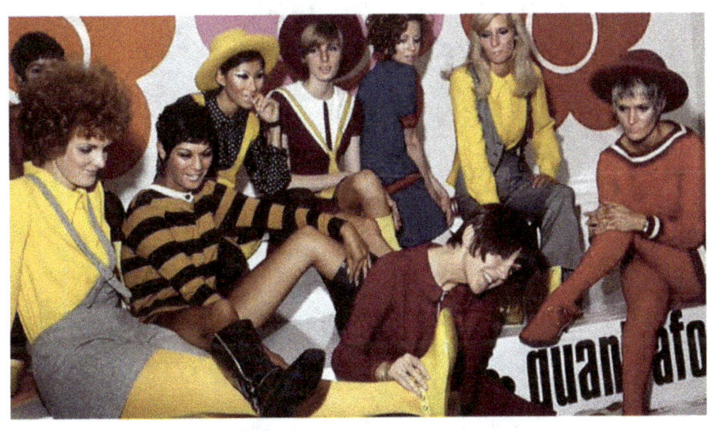

Las mujeres más jóvenes ya no querían marcar su silueta, lo que derivó a la creación de vestidos rectos y faldas campanas cortas, dando un look innovador y aniñado.

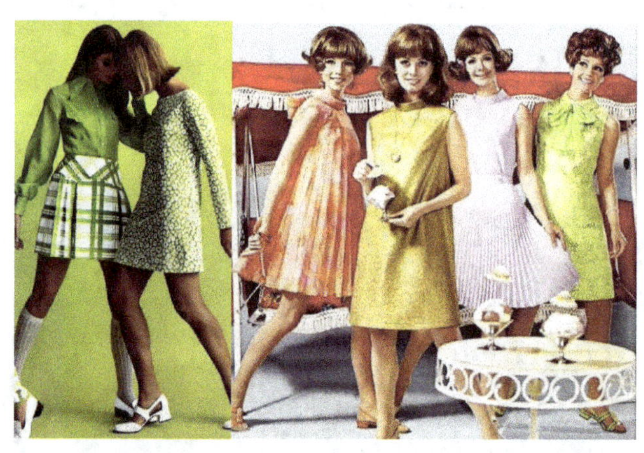

A partir de 1964 vemos los cambios más significativos, con la llegada de la mini falda.

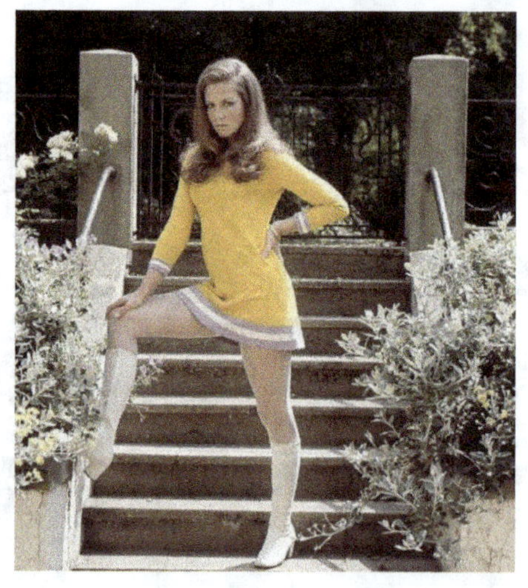

En las calles convivían diversos estilos como el estilo **babydoll**, más aniñado, que mezclaba inocencia y sensualidad, usando vestidos, medias de colores y zapatos tipo Oxford, por otro lado, vemos el estilo **hippie**, con diseños geométricos, colores vibrantes, flecos, lentes de colores y tacones de vinil altos, el estilo **psicodélico** usando colores muy vibrantes y el estilo *space age* que fue una repuesta a la llegada del hombre a la luna en 1969.

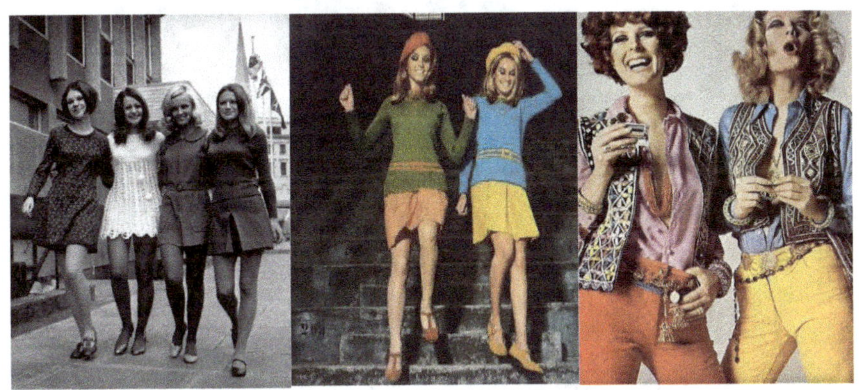

Las medias de colores y leotardos predominaron como símbolo de rebeldía contra las medias negras o cremas de seda que usaban las señoras de entonces, usaban las botas hasta la rodilla con tacón grueso que eran todo lo opuesto a los zapatos de tacón de sus madres

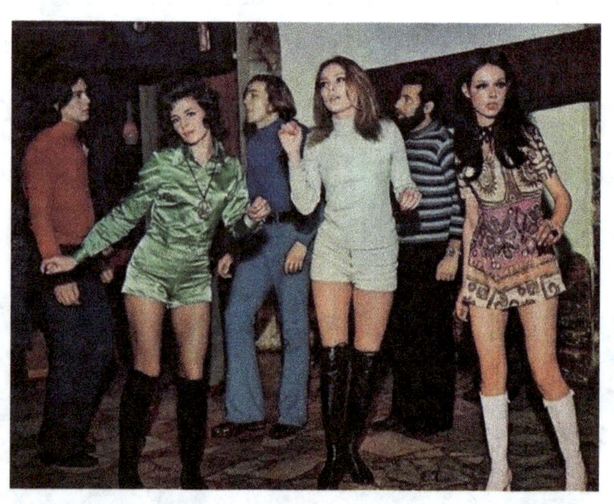

La combinación de botas altas con minifaldas o vestidos se convirtieron en casi un uniforme entre las jóvenes. Los vestidos babydoll estaban por todas partes y daban el look inocente que tanto se buscaba.

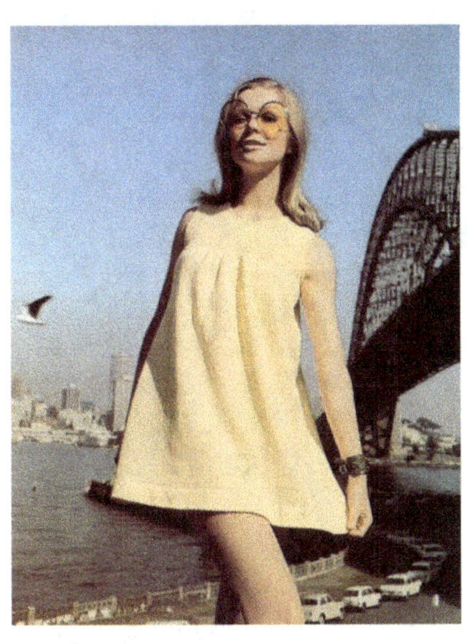

Los estampados psicodélicos y de flores fueron los más usados, siempre con colores llamativos.

Twiggy fue un ícono de esa década, todas las jóvenes querían verse y lucir como ella, Twiggy daba aires inocentes y aniñados usando los famosos babydolls y vestidos rectos pero muy cortos, puso de moda la silueta del cuerpo delgado y sin curvas, también su corte de pelo y maquillaje marcó tendencia.

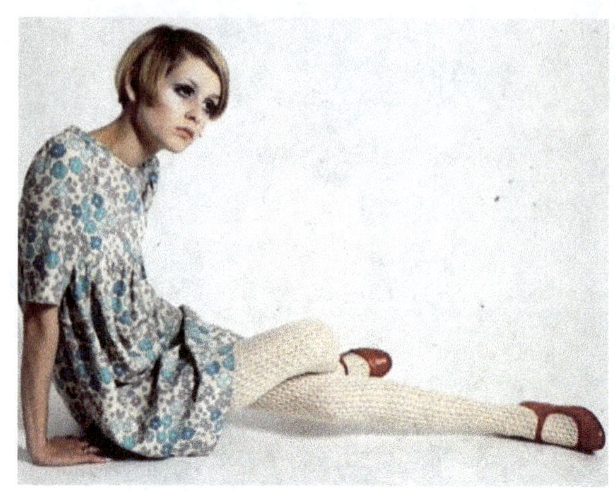

Todo tipo de accesorios hechos por ti mismo eran usados, el *DIY* estaba por todos lados como las cadenas, cuentas de colores y colgantes.

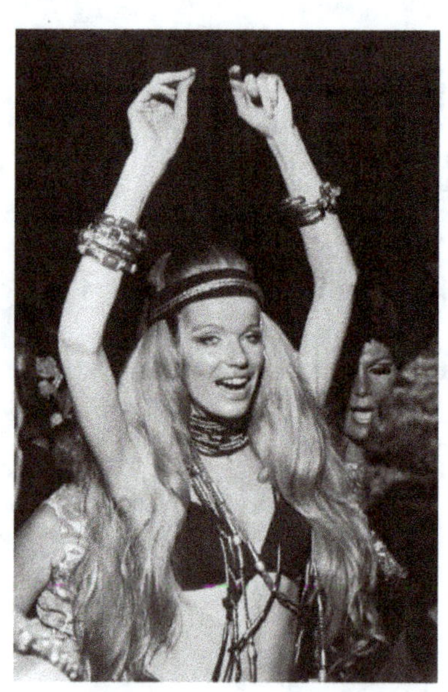

En cuanto al maquillaje, se centraba en los ojos, se buscaba un look que los hiciera ver más grandes y redondos, el típico delineado marcaba toda la cuenca encerrando el ojo y se rellenaba con sombras de colores, normalmente azul, turquesa, o rosa pastel. Las pestañas eran muy exageradas, casi siempre postizas y hasta se dibujaban pestañas en el párpado inferior con delineador negro, labios en tonos claros, normalmente rosas y unos pómulos redondeados de color sutil.

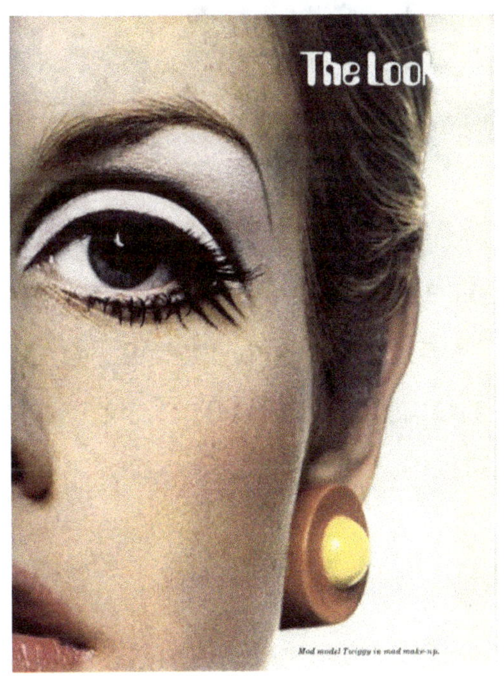


Mod model Twiggy in mod make-up.

La imagen ideal buscada era de muñeca, infantil, mucho volumen en el cabello, ojos grandes y cuerpo delgado y frágil.

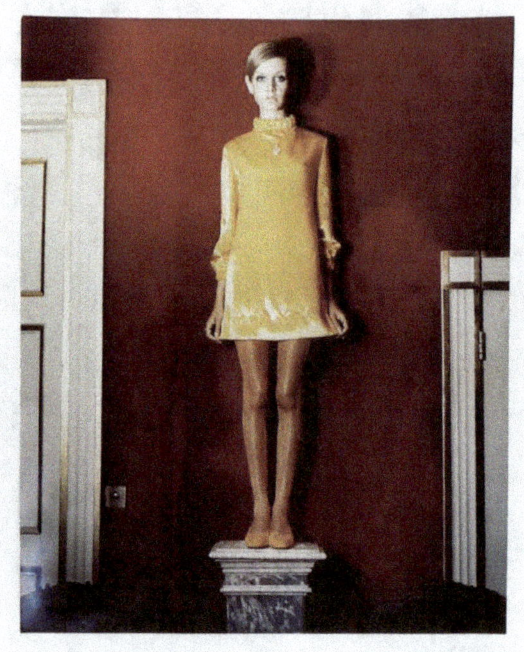

El bikini en esta época ya era común, los trajes de baños enterizos eran usados todavía normalmente por las más conservadoras.

En 1964 se presentó el monokini que era una prenda que no cubría la parte superior, esto ocasionó un gran revuelo, pero de allí nació el *topless* que se popularizaría en los 70s.

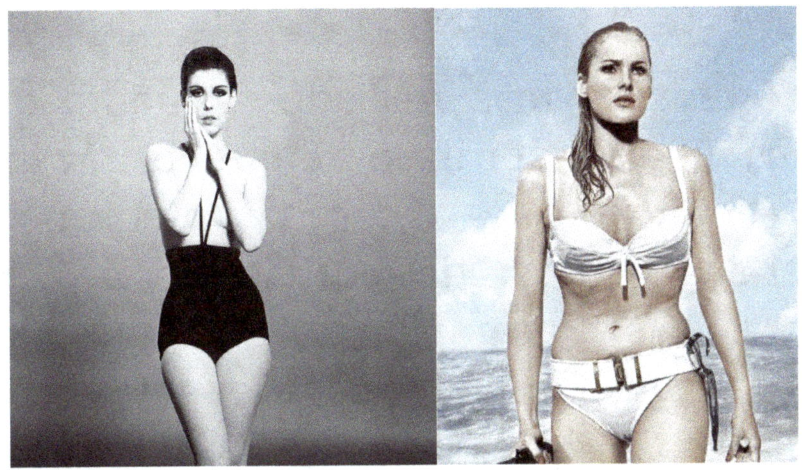

# 1970s

Esta década hereda de los 60s el estilo hippie, combinando los brillos, la tendencia de los clubes nocturnos y la influencia de las bandas de rock más icónicas de la época.

El estilo era más relajado, cómodo, que transmitía el espíritu libre que los jóvenes ya sentían desde la década anterior. Las prendas más destacadas eran los pantalones acampanados, minifaldas, plataformas y estampados diversos.

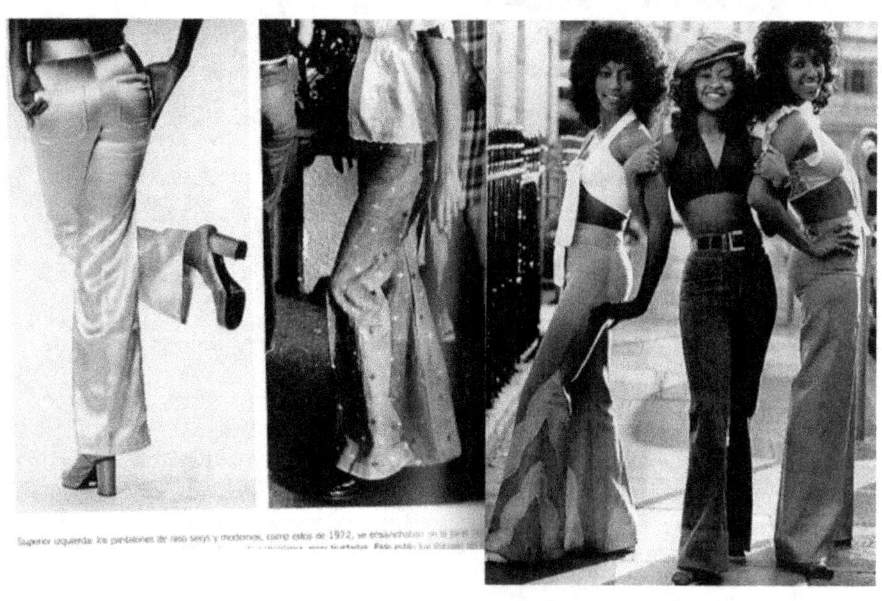

Las faldas, igual se usaban de todos los largos, ya sea mini, maxi o muy largas y anchas.

Los vestidos aún se lucían, pero de un estilo muy específico, los vestidos envolventes que se amarraban a la cintura eran tendencia, ya que lucían formales, pero al mismo tiempo daban una figura moldeada, estos vestidos se popularizaron aún más cuando Cindy Shepherd lo llevó en la película *Taxi Driver*.

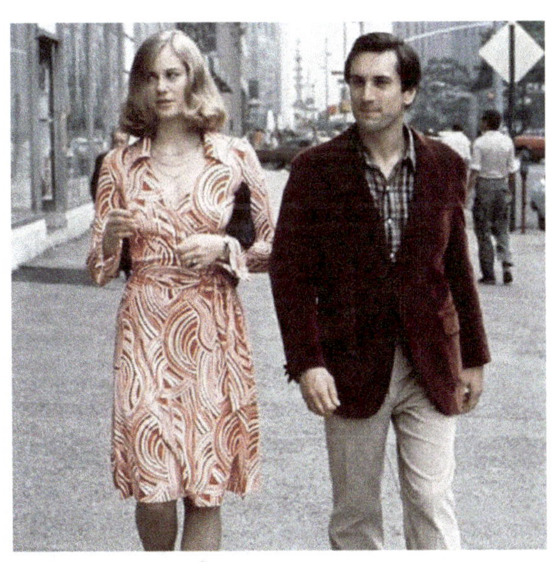

Los pantalones eran cada vez más acampanados y anchos, llevaban a medir más de 50 cm de ancho en la parte inferior y la combinación de estos pantalones junto con los zapatos de plataforma de la época a menudo terminaban con muchos accidentes tratando de subir o bajar escaleras.

Los pantalones acampanados no fueron la única silueta de este estilo de la década, ya que también se usaban las mangas acampanadas.

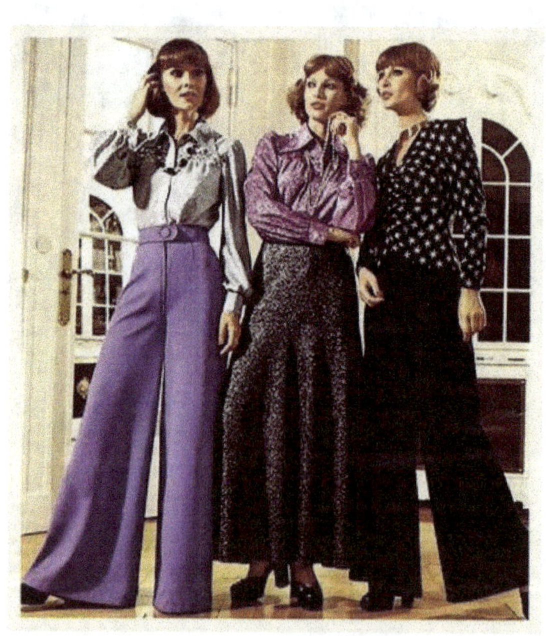

La moda jugó un papel importante políticamente al ser vistas como iguales a los hombres, ya que se reusaban a usar vestidos y en vez se ponían trajes y monos con talle masculino, aunque a lo largo de los años las líneas se fueron suavizando.

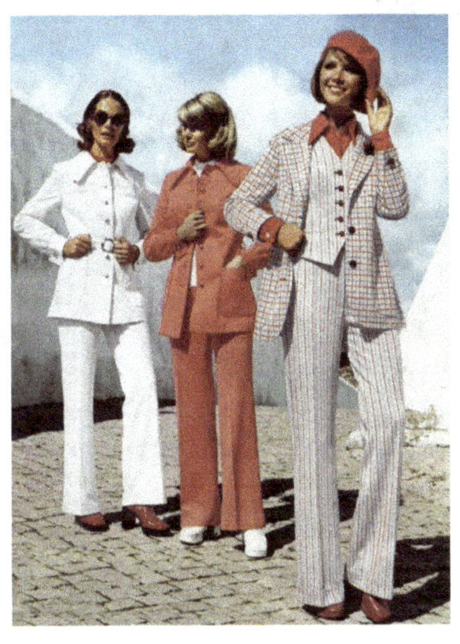

Esta década es conocida por sus variadas protestas que formaron el mundo en el que vivimos hoy, por ejemplo: Las mujeres lucharon por el derecho de no llevar sujetador y lo ganaron junto con la presentación del top de tubo.

Cher fue una gran influencia musical de estos años, y puso de moda los conjuntos de flecos, muchas prendas se inspiraban en un estilo como del viejo oeste como las camisas bordadas y lazos boho.

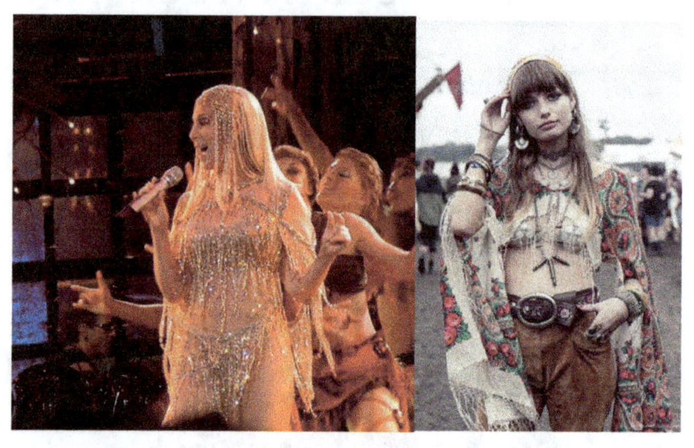

Entre los estampados encontrábamos estilos parecidos al de los 60s, flores y figuras geométricas.

Los shorts muy cortos eran usados principalmente por los hippies junto con tops muy cortos también, esto demostraba su sentido de libertad sin hacer caso a las normativas.

A veces, los hippies salían descalzos sin ningún tipo de calcetín.

Este grupo tenía un estilo muy relajado, por lo que su cabello casi siempre era largo tanto en hombres como mujeres.

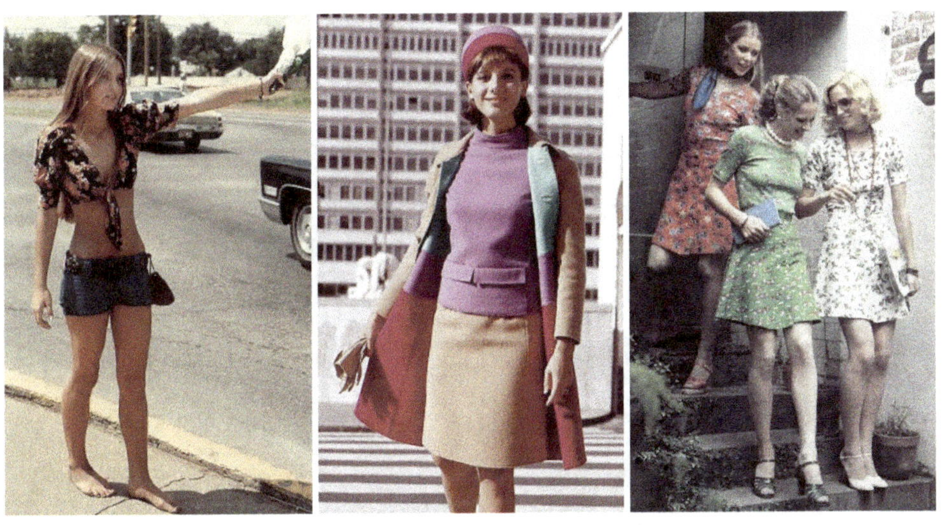

En cuanto a los tops o prendas superiores se comenzó a llevar el *crop top* ya que al ser los pantalones de un tiro bastante alto las mujeres decidieron mostrar un poco de vientre, los escotes y los *halter* tops también se usaron.

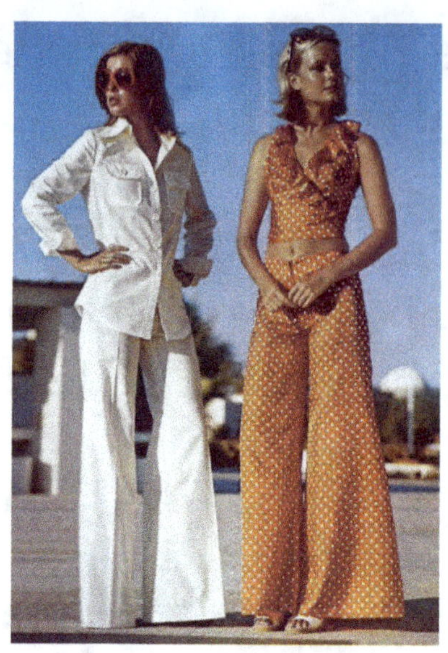

En cuanto al cabello, el corte *shag* estaba en tendencia, pero de igual manera se llevaban muchos estilos. Las mujeres imitaban los estilos que veían en la televisión.

También se llevaba el pelo con volumen, el estilo *blow out* se llevaba a tope.

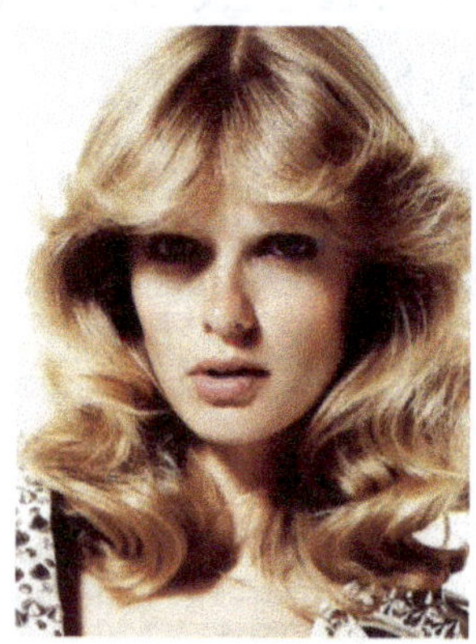

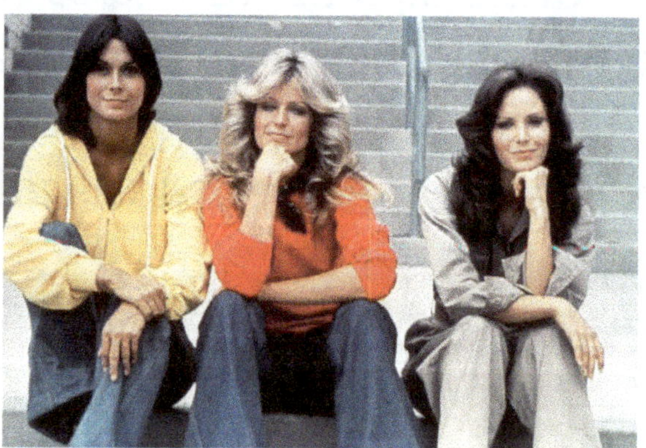

Debido al movimiento *Black Power* las mujeres de color ya no se guiaban por los estándares clásicos, la belleza ya no la dictaba una sola raza, por lo que, comenzaron a llevar su cabello natural afro, muchas mujeres que no eran negras optaban por hacerse la permanente para lograr este look.

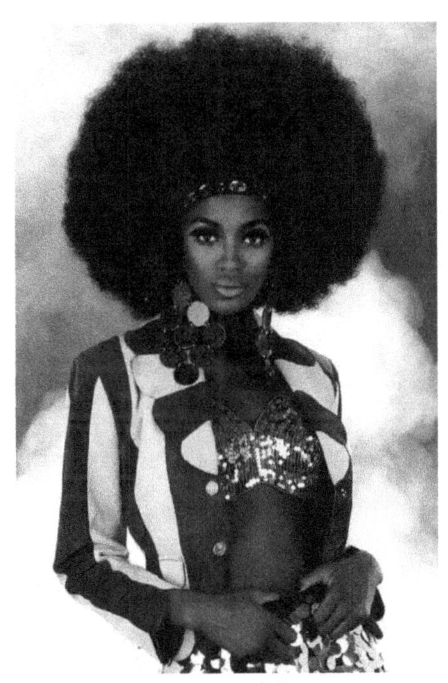

En cuanto al maquillaje, algunas mujeres que querían que dejaran de verlas como objetos sexuales dejaron de hacerlo, sin embargo, algunas otras no entendían porque no podían hacerlo, si se maquillaban, imitaban los estilos de Cher, colocándose sombras nacaradas y brillantes, pestañina y delineador de ojos marrón natural, marcando la línea de agua inferior con colores claros.

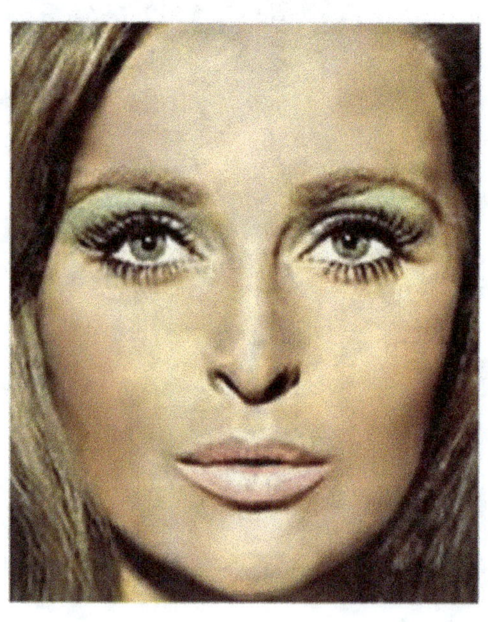

En los 70s debido a los movimientos liberales en cuanto al cuerpo, la tendencia *top less* fue usada mayormente por lo hippies y unas cuantas mujeres que se atrevían a mostrarse sin nada cubriendo la parte superior.

Los trajes de baño en general ya venían en diferentes estilos, iban desde bikinis diminutos hasta enterizos más recatados, pero igual de llamativos.

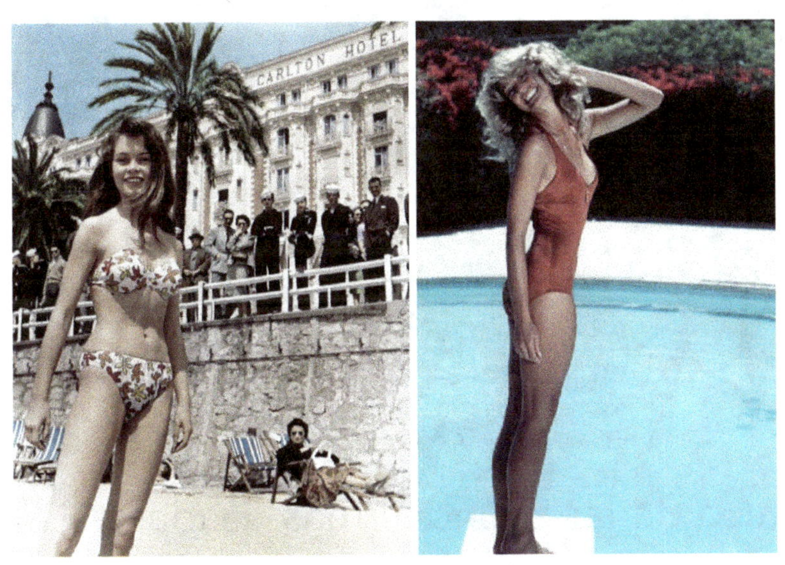

**1980s**

Sin duda, la moda en esta década fue inolvidable, extrovertida e innovadora, todo lo que te pudieras imaginar era usable.

Se caracterizó por los colores vibrantes, ropa holgada, bisutería grande, mucho volumen tanto en la ropa como en el cabello y zapatos de todos los estilos.

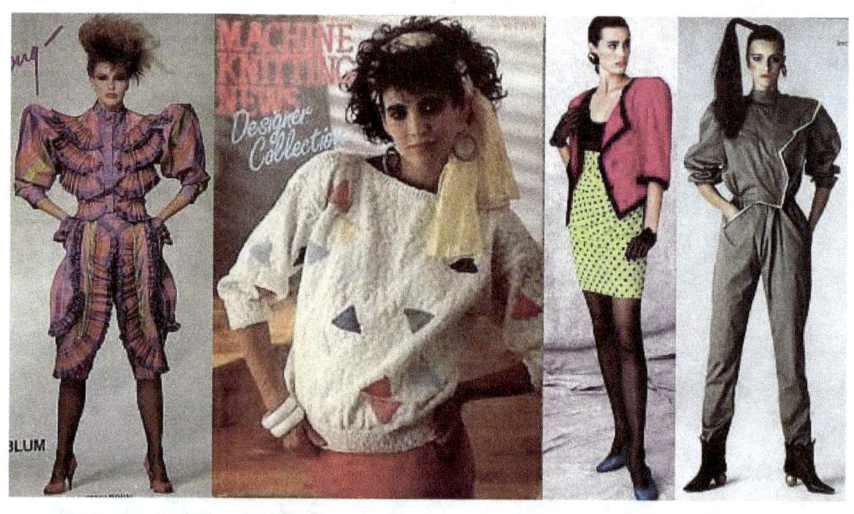


Dentro de las prendas más usadas estaban las mini faldas, las había de todos los colores, plisadas, lizas, metálicas, holgadas o ajustadas.

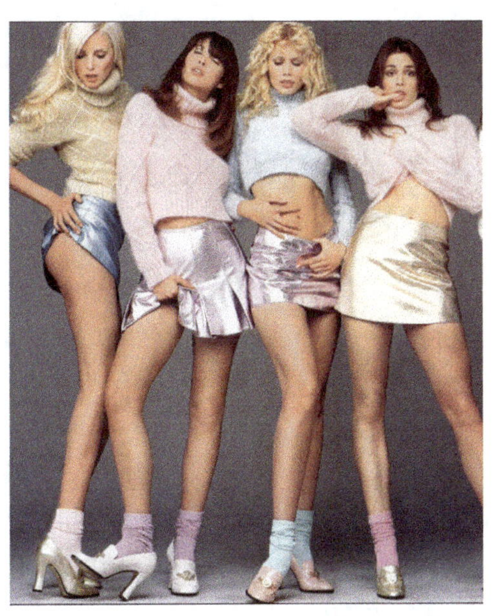

Las hombreras fueron una de las prendas (o estilo de prenda) que más predominó, se popularizaron en blazers, pero más tarde de implementarían en chaquetas, suéter, blusas, etc. Estas resaltaban los hombros de forma exagerada.

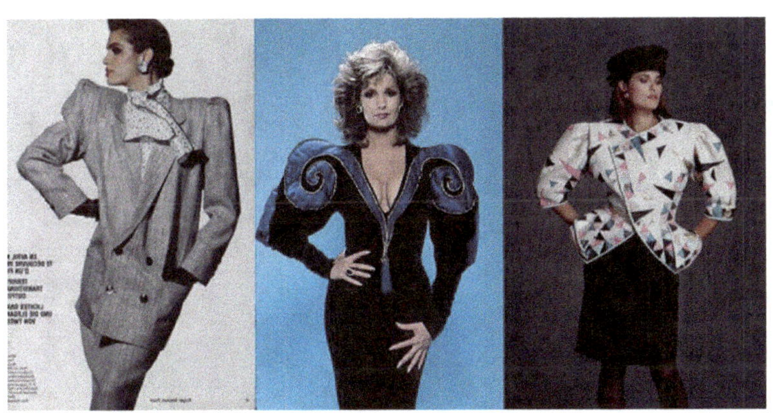

Los pantalones tipo paracaídas fueron un *boom,* y mientras más holgados mejor. Estos eran anchos y se ajustaban al tobillo. Los había de todos los colores y estampados posibles tanto para hombres como para mujeres.

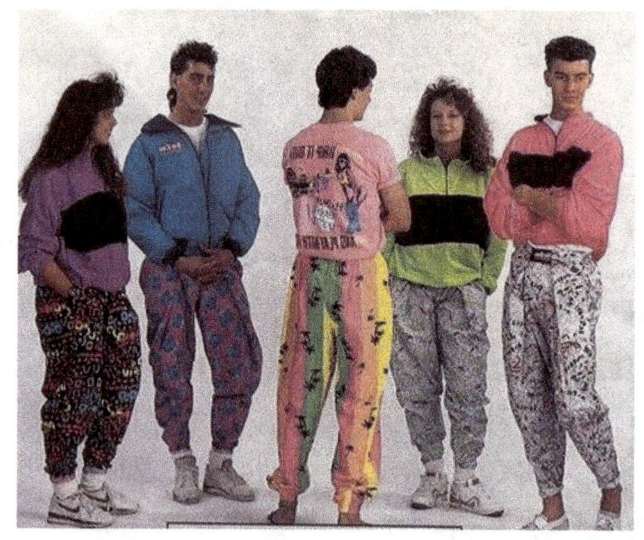

En esta década hubo un incremento en la cultura del ejercicio, por lo que las prendas deportivas como los leggins se usaban para todo lado, sin importar la ocasión, siempre en colores satinados o vibrantes.

Un estilo muy típico de la época fue el usar leotardos sobre los leggins con medias de colores muy altas, cabello siempre con volumen o una coleta asimétrica amarrada con *scrunchies*, claro, de colores.

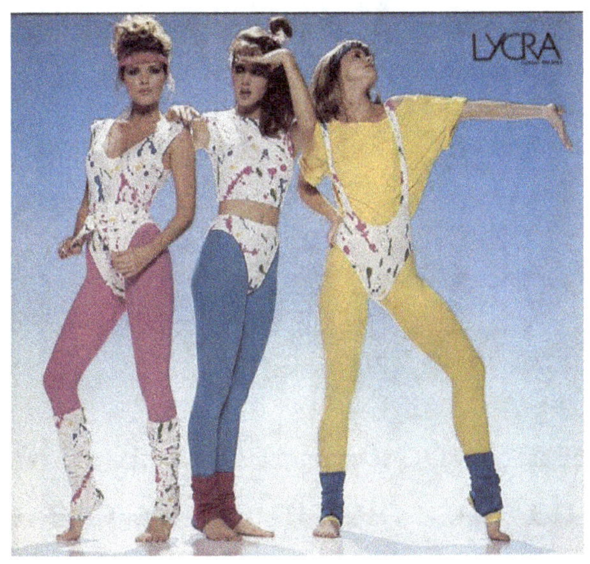


Los jeans fueron un básico, su corte era bien alto a la cintura y holgado, a veces rasgados. La mayoría de los jeans para mujer eran estilo *mom jeans* de ahora y no tan largos para que se vieran los coloridos zapatos.

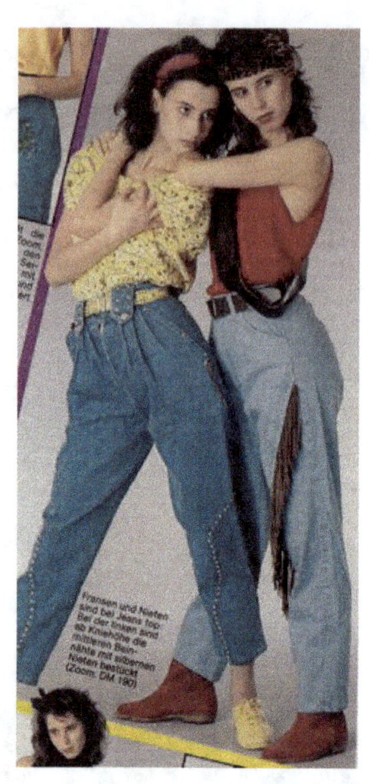

Podemos notar que la moda de esta década no se guía por solo un estilo, claro, que lo más característico fueron los colores vibrantes y la ropa holgada, pero hubo mucho más que esto. Los estilos rockeros y heavy también empezaron a popularizarse más que todo entre los amantes de este tipo de músicas e influenciados por estos artistas.

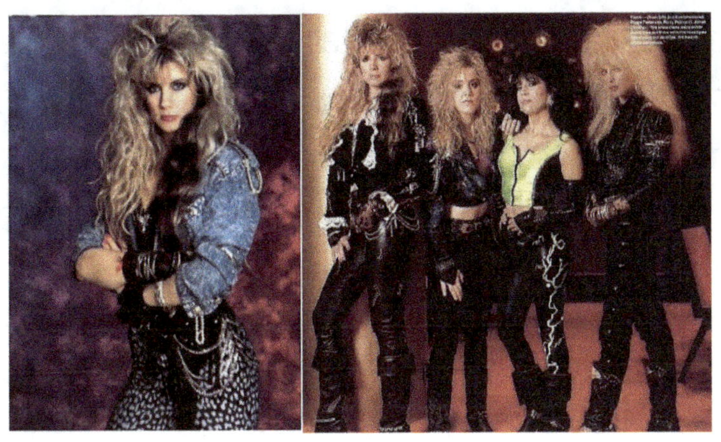

Durante estos años la moda sigue siendo marcada por los jóvenes, como lo vemos desde los 60. Por lo que películas famosas de la época influenciaban los estilos, como la película *Dirty Dancing* o *The breakfast Club*, donde, sin duda, con tan solo ver una imagen de cada película podemos deducir que pertenece a esta década.

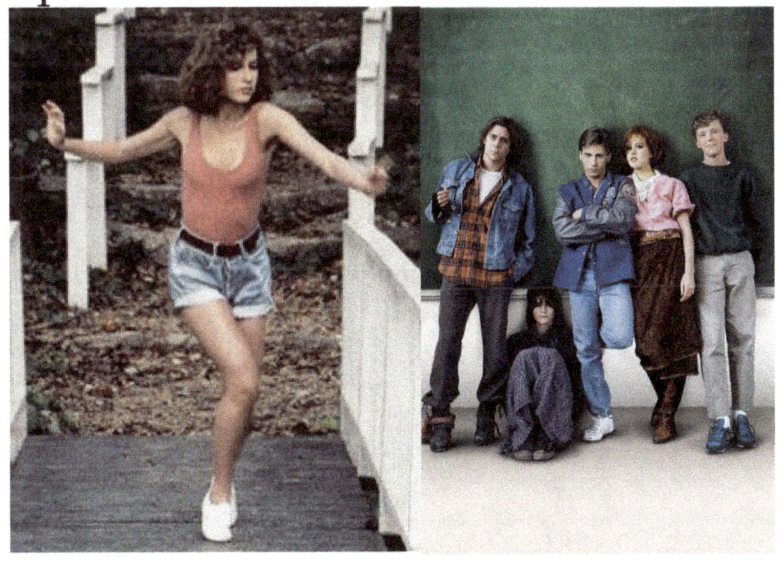

Esta fue la época de la rebeldía y lo anti-conservador. Una de las personas más influyentes tanto por su música como estilo fue Madonna, con sus extravagantes y reveladores looks dejaba a todos con la boca abierta y todas las mujeres querían recrearlos.

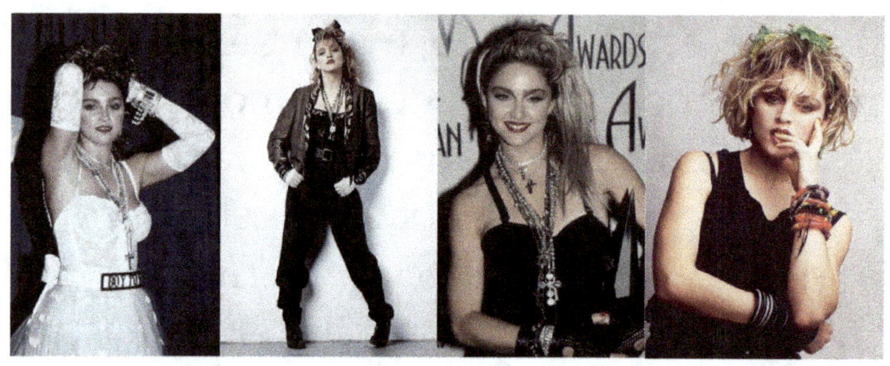

Los tops cortos seguían siendo tendencia debido al tiro alto de los pantalones que normalmente se usaban con cinturones gruesos coloridos.
El top disco brillante fue usado por casi todas las mujeres a la hora de salir a bailar.

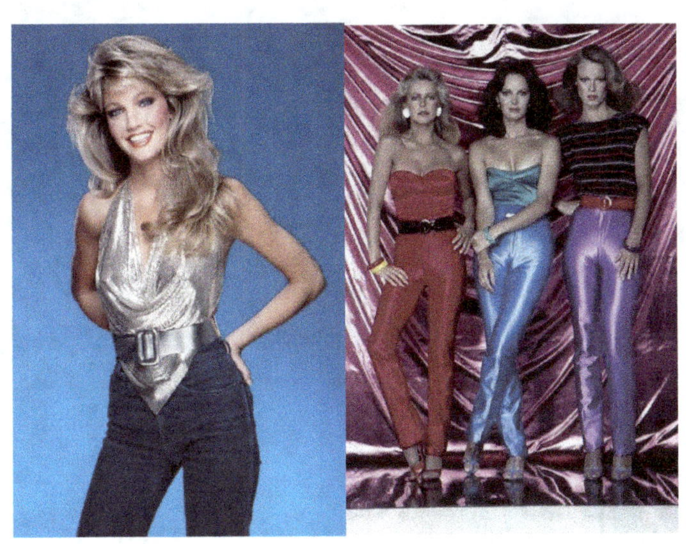

En cuanto al cabello en estilo *blow out* de los 70s todavía se usaba, pero aún más exagerado, los cortes en capas de cualquier largo eran tendencia, aquellas que tenían el cabello muy liso hacían todo para darle volumen, colocándose *rollers* o fijador por todo el pelo. Los flequillos fueron muy usados también, sin importar si tu cabello era liso u ondulado.

Para peinarse las mujeres usaban peinados asimétricos, como coletas de un solo lado.

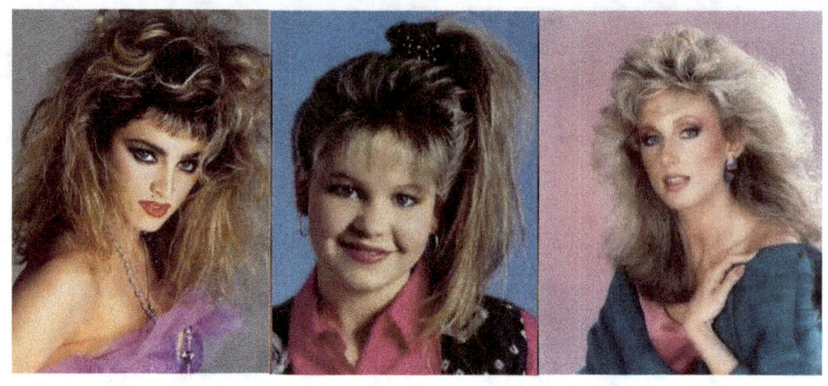

El maquillaje fue extravagante, el colorete o blush se usaba exagerado y de colores fuertes, Otra tendencia del maquillaje de los 80 son los colores neones. Azules, rosas, púrpuras… Sombras híper pigmentadas y que se aplican hasta la sien. En un solo tono o en una combinación, sin difuminar, o contrastando la parte superior e inferior de los ojos.

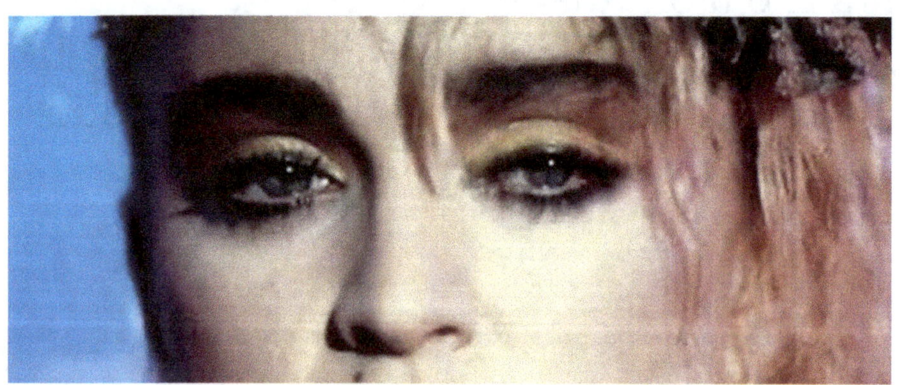

Las cejas eran gruesas, los labios perfilados. Las mujeres querían dar un look fuerte y algo masculino.

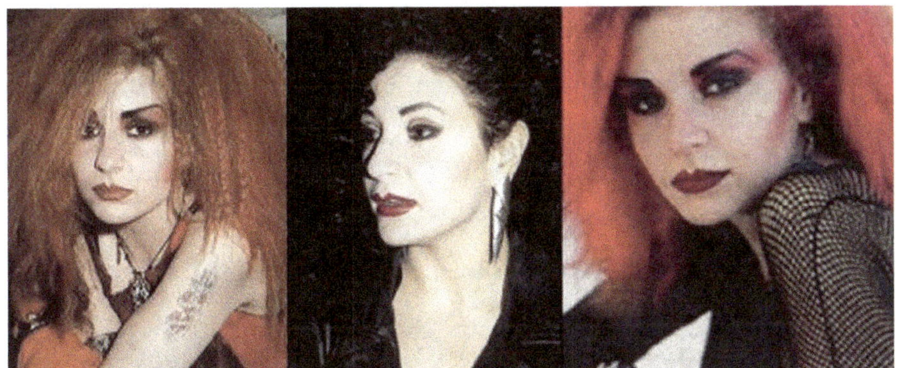

**1990s**

Los años 90s no se caracterizaron por un estilo propio, sino más bien, el apego a la comodidad de llevar prendas que definieran el estilo de cada uno y su individualismo.

Saliendo de una década maximalista y llena de colores, la mayoría de las prendas tenían colores neutros y más combinables.

Los 90s tuvieron muchísima influencia de la cultura pop y celebridades, por lo que en las series más icónicas como Friends y Clueless podemos notar los diferentes estilos que marcaban las tendencias.

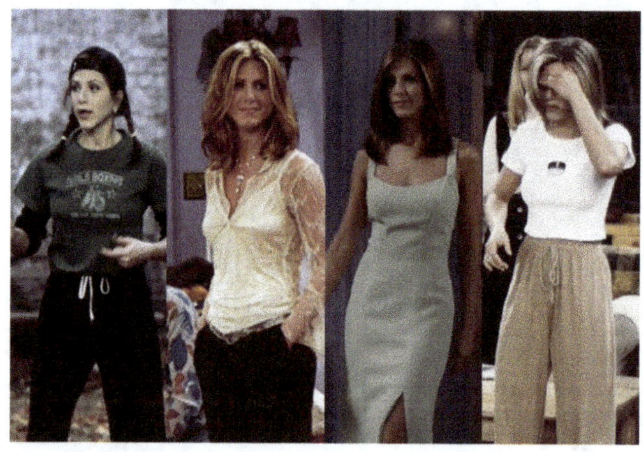

Los pantalones seguían ajustándose a la cintura (veríamos la aparición de los jeans a la cadera a finales de década) y tenían un corte entre entallado y holgado, a veces podían tener aberturas; los tops eran cortos para marcar cintura, aunque también estaba la versatilidad de blusas más largas y formales.

Las camisas holgadas con jeans eran muy usadas, normalmente amarradas o dentro de los jeans para marcar la figura.

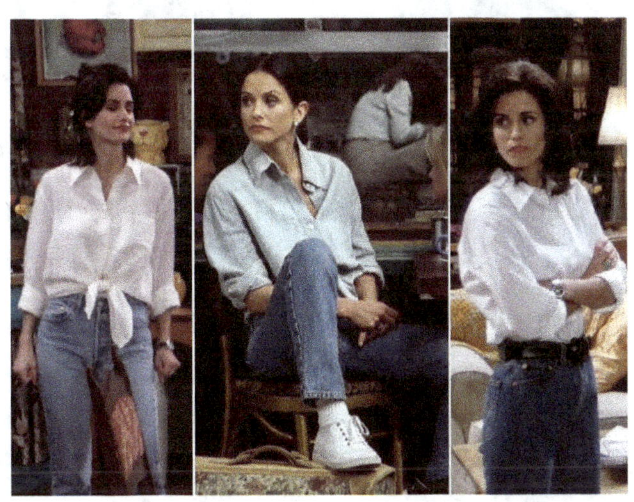

Los famosos vestidos slip o de seda que han regresado a la moda de hoy, tuvieron su nacimiento en esta década, de colores sobrios o pasteles y sin mangas, normalmente a la altura de la rodilla o el tobillo; los tacones o sandalias delgadas eran su mejor complemento.

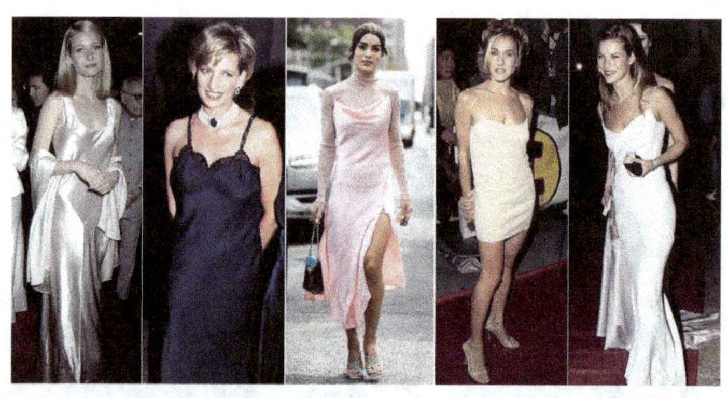

También los tops femeninos y con encaje gustaban mucho, podían ser tipo lencería o más largas y holgadas, los vestidos de este estilo también se usaban solos o con suéter debajo para los tiempos de frío.

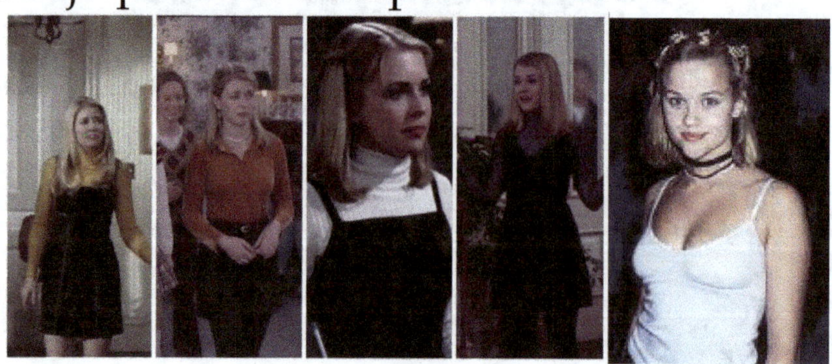

Las *shoulder bags* también nacieron en estos años, haciéndose muy popular entre las mujeres por su versatilidad y comodidad.

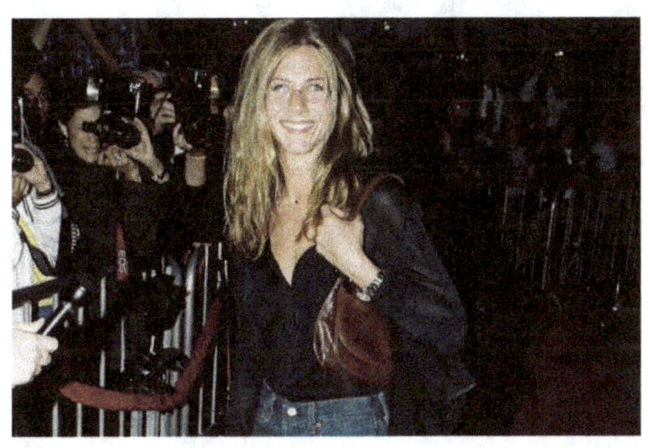

Las mini faldas las había de todos los colores y estampados, pero, normalmente tenían un corte específico, ajustado al cuerpo, pero no tanto como para que sea incómodo y a la cintura.

También se combinaban muy bien con el estilo *preppy* o de colegio, con estampados de cuadros o con botones y usando accesorios como diademas y panty medias.

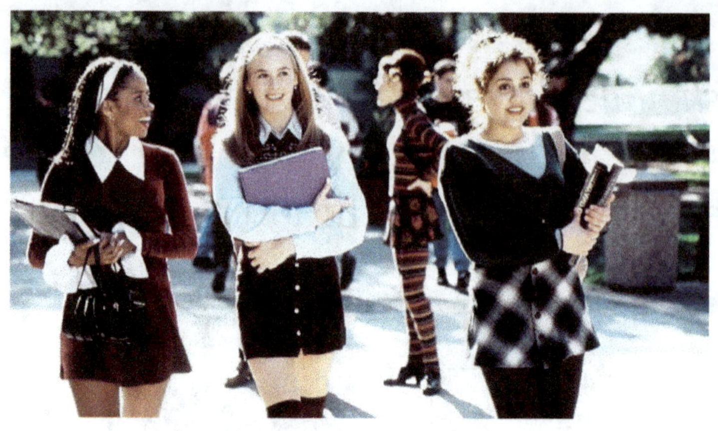

Una de las prendas más sobresalientes fueron los cardigans, estos eran de todos los colores y estilos y eran muy versátiles.

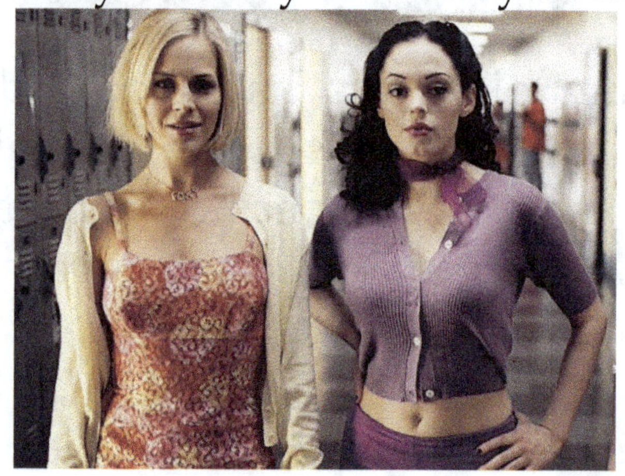

Otro básico eran lass prendas depotivas como los conjuntos de marca y los biker shorts, que dieron un salto a la tendencia del momento cuando la princesa Diana los lució.

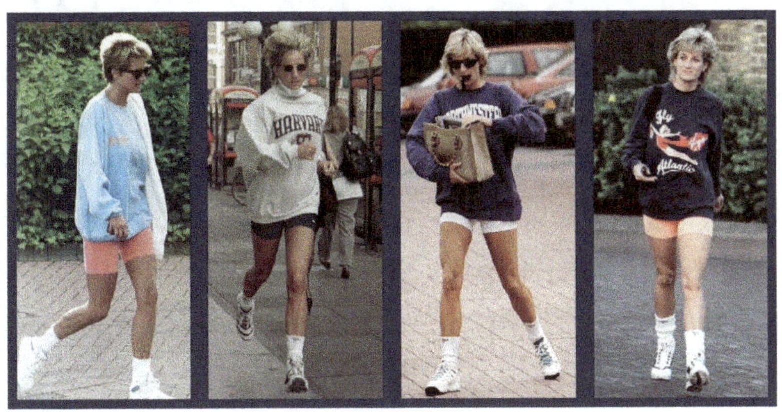

Los shorts tan cortos y ajustados ya no se usaban, en cambio optaron por bermudas que fueran más recatadas.

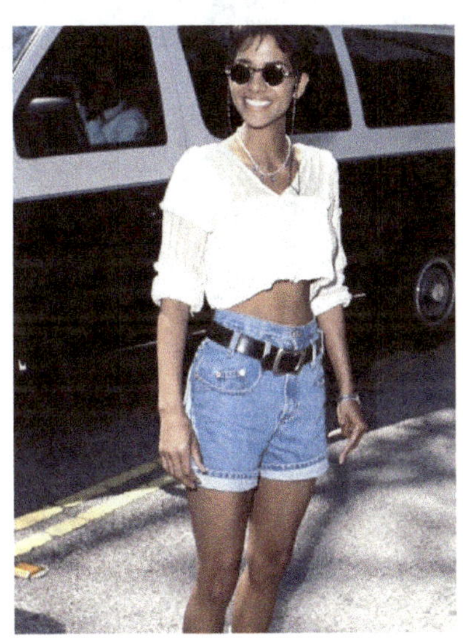

Aunque es verdad que la mayoría de personas usaban prendas como las que describí, también hubo una estética muy expandida: el grunge, con jeans rotos, camisetas gráficas, medias y mangas de red, cuero, mezclilla y ropa más holgada.

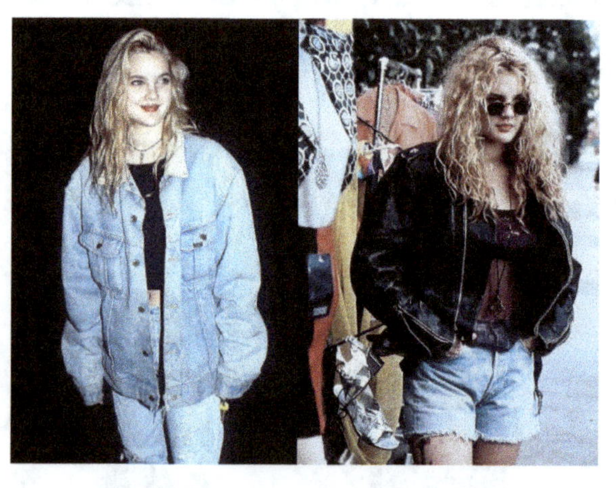

En cuanto al cabello, los cortes más sobresalientes fueron en capas, con flequillos largos para marcar el rostro. Se podía llevar el pelo totalmente liso o tipo *blow out*. Los estilos de peinados estuvieron muy marcados por una vibra infantil, usando liguitas de colores, clips, y dejando mechones afuera o sobresaliendo de los moños.

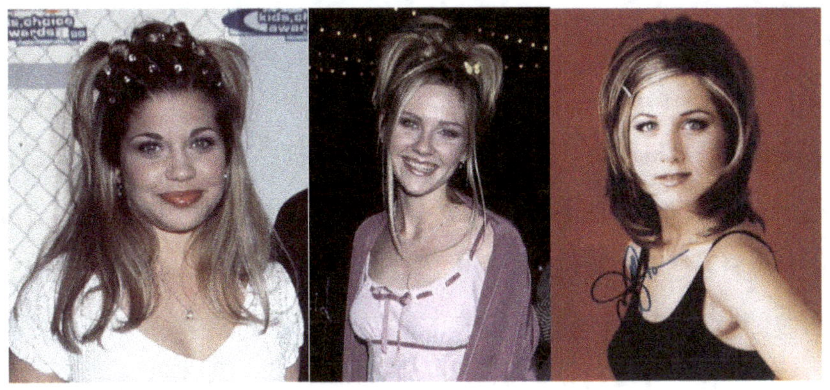

El maquillaje se caracterizaba por su simplicidad y naturalidad, los ojos podían llevar sobras claras pasteles o un smokey eye para ocasiones especiales, siempre con mascara de pestañas, el delineador podía, o no, llevarse.

Las cejas se llevaban delgadas y perfiladas, la piel lucía bronceada y los labios neutros con gloss.

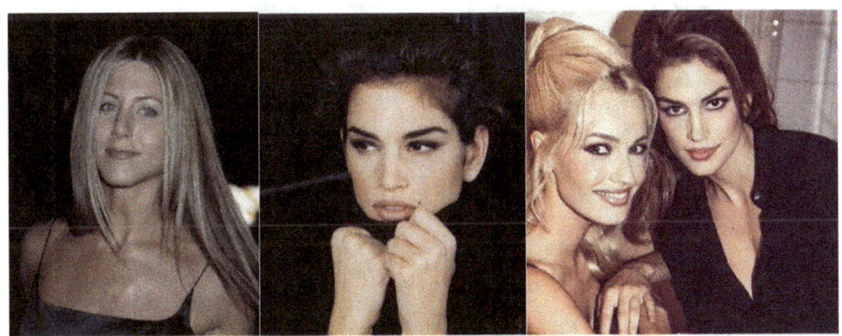

## 2000s

La década de los 2000 tuvo mucha personalidad sin duda. Había para todos los gustos y estilos. Pero, sin duda lo que más predominaba y algo que es distintivo de la época eran los jeans de tiro bajo, para cualquier estilo que se llevara, siempre los pantalones se ajustaban a la cintura.

El corte de los pantalones podía ser desde más ajustados, con bota ancha o más holgados. Tampoco tenían que ser solo jeans, de hecho, los famosos cargo pants nacieron acá. Los tops podían ser muy cortos, para las más atrevidas, o más largas que cubrían todo el abdomen.

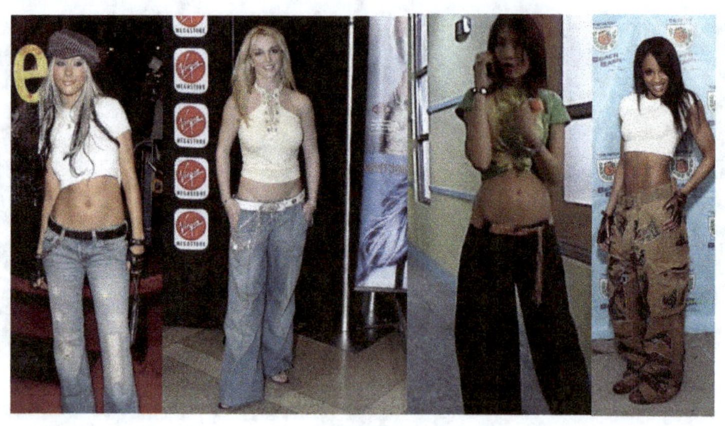

Entre los adolescentes existió un fenómeno aborrecido por muchos: la falda pantalón, que era literalmente usar falda o vestidos por encima de, ya sea, leggins o jeans. También se usaron capas en la parte superior, ya que algunas usaban camisetas encima de otra camiseta normalmente sin mangas.

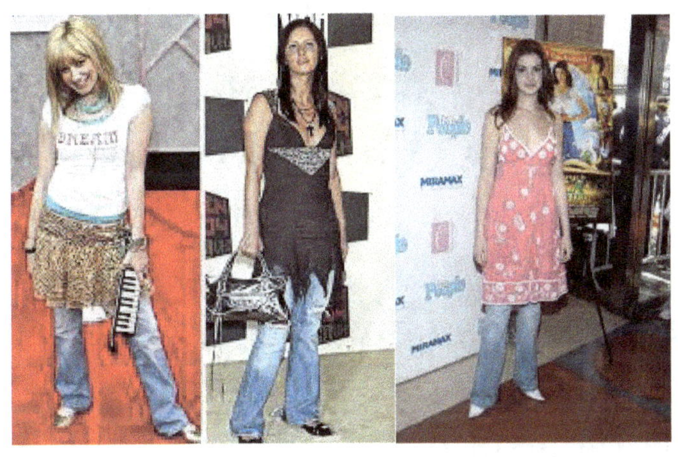

La mezclilla fue todo un fenómeno ya que, aunque es verdad que el tejido no era nada nuevo, se comenzaron a hacer tops con esta tela y a usar looks de *full* mezclilla, con pantalones, tops, chaquetas y hasta zapatos.

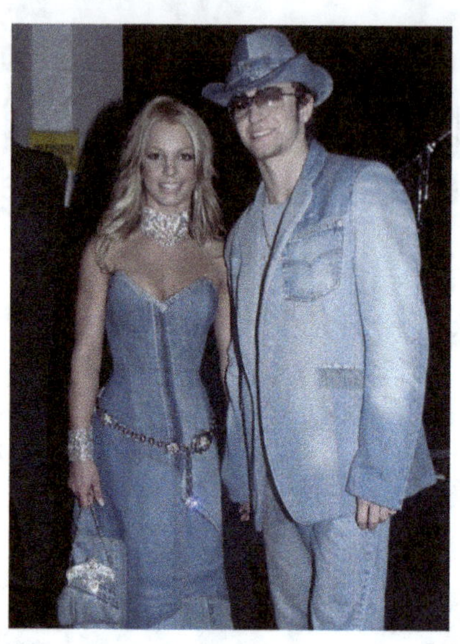

Las faldas seguían en tendencia, pero esta vez, claro, de tiro bajo. Eran rectas, plisadas, mini (micro, diría yo) o maxi.

De hecho, una moda de los últimos años se originó también en esta década: las faldas largas de mezclilla.

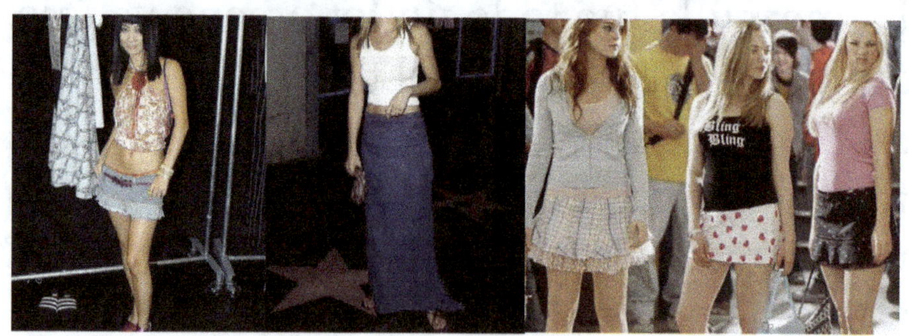

Los tops que se amarran en el cuello y tienen un escote por debajo del pecho también se originó en estos años, Christina Aguilera uso este top en combinación con una mini falda en unos premios mtv.

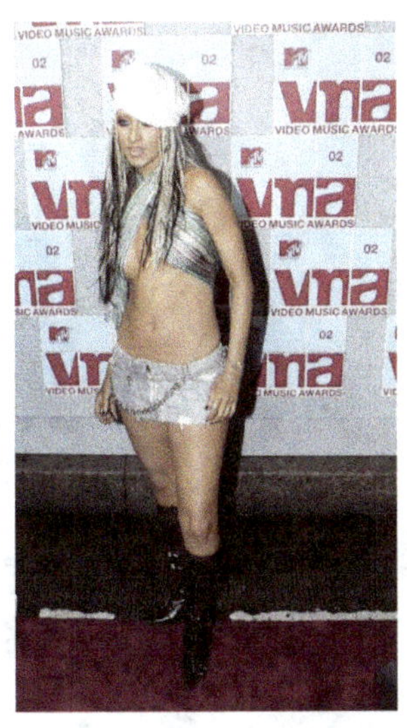

Los accesorios fueron muy importantes y variaban según fuera tu estilo: los lentes de colores, gorras o sombreros, cinturones, todo tipo de bisutería grande y los flecos.

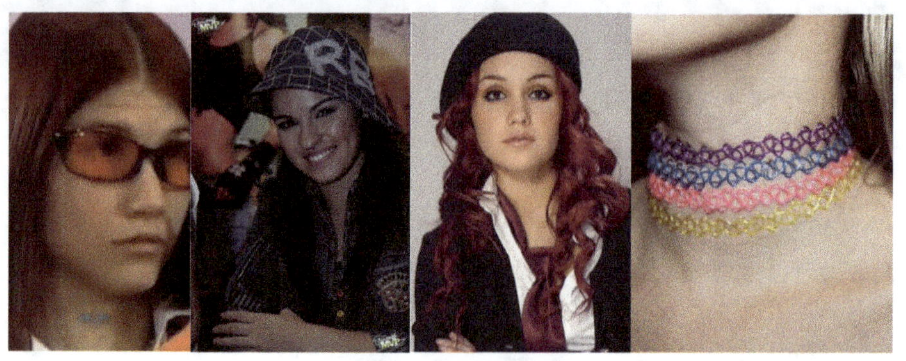

Los accesorios con plumas y diamantes también se lucieron, este fue un estilo muy *Barbie,* con el color rosa muy marcado.

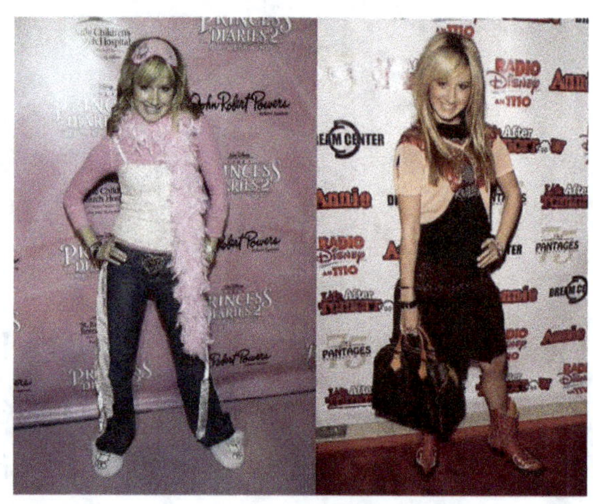

Los zapatos más usados eran las sandalias, botas y las *uggs* (muy usadas hoy en día) que eran tipo pantuflas-botas.

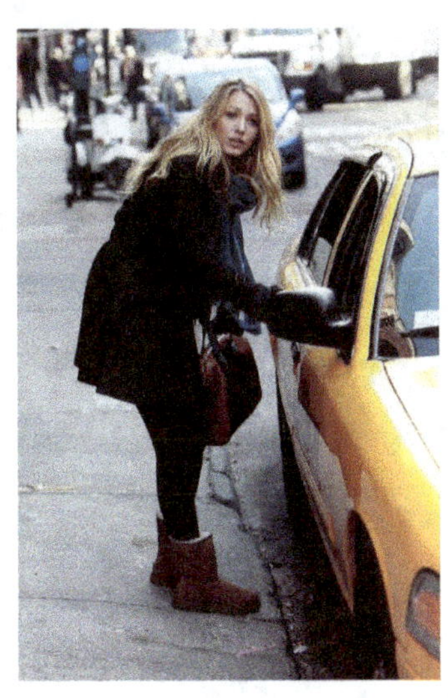

Otra prenda, o más bien prendas, que caracterizó la década fueron los conjuntos deportivos de Juicy Couture que todas las celebridades usaban.

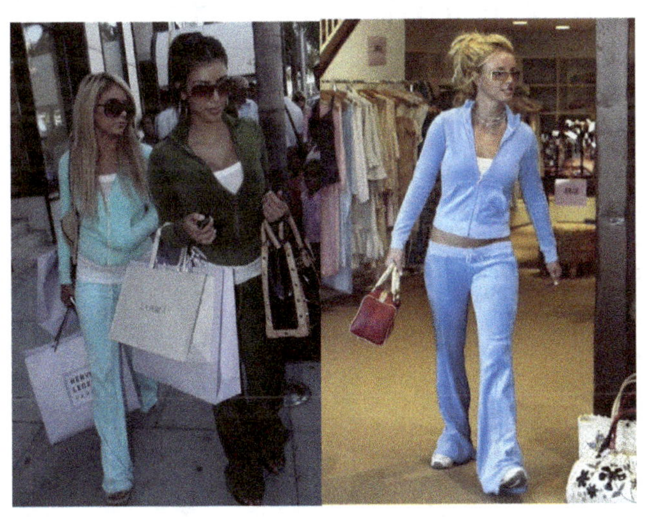

Los vestidos típicos de Serena Van Der Woodsen, cortos y ajustados, con un estilo estilo en la tela muy característico estuvieron muy de moda.

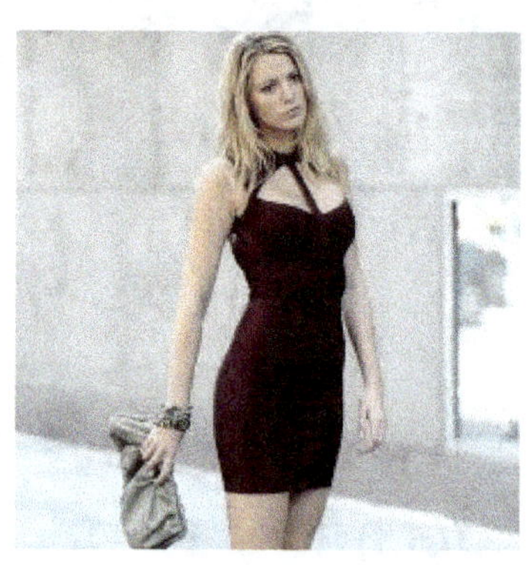

En esta década predominó también el estilo hippie o boho, heredado de los 70s, con flecos en cualquier prenda, zapatos de plataforma y accesorios grandes.

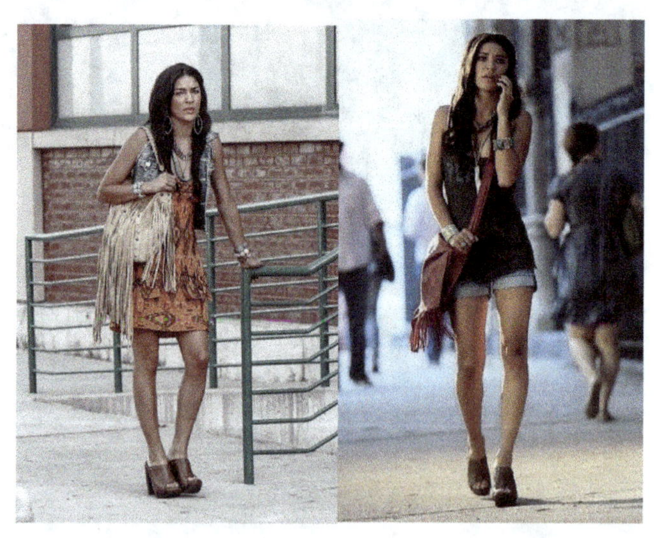

El Cabello en los 2000 aún tenía influencias de los 90s, pero se enfocó más en la extravagancia, las partiduras en forma zig-zag, los moños locos, los mechones de colores, los lápices en el cabello, las trenzas y los peinados de burbuja.

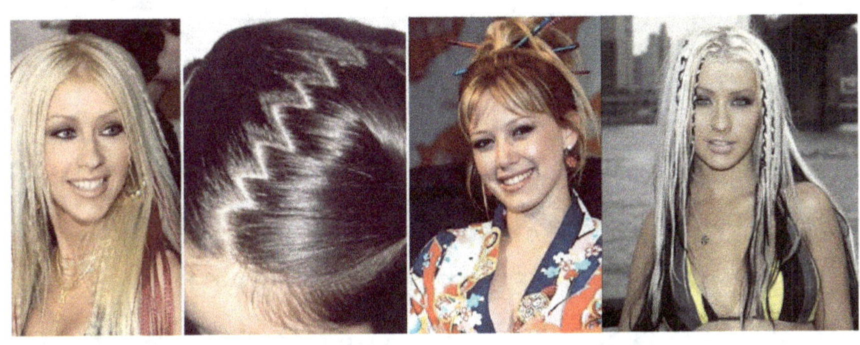

El maquillaje era parecido a el de la década anterior, pero, como dije anteriormente, más extravagante, los *fake tans* se popularizaron, las cejas aún más finas, sombras metálicas de colores, smokey eye, máscara de pestañas y delineador negro o de colores neones. Los labios iban siempre delineados o con lip gloss normalmente de color de la piel.

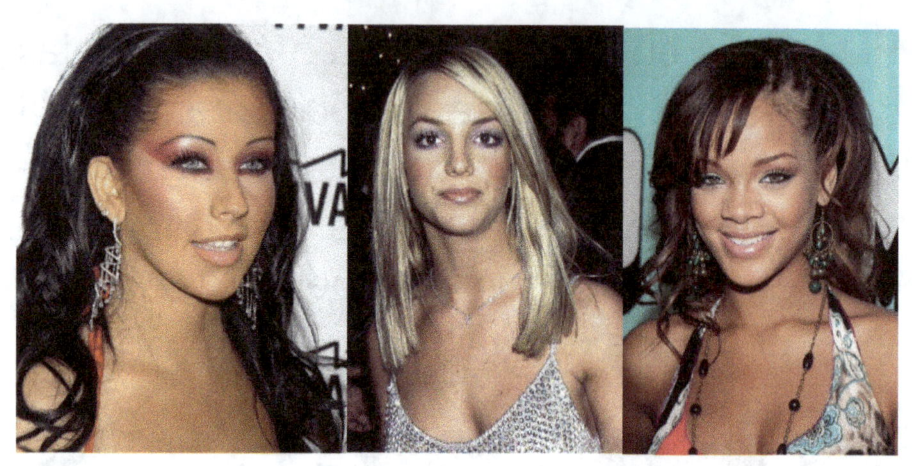

Estos años fueron la cuna del fast-fashion, marcas como Zara, H&M y Forever 21 marcaron su nacimiento, debido a la globalización y el nacimiento de las redes sociales cada vez era más fácil y asequible acceder a nuevas tendencias y ropa.

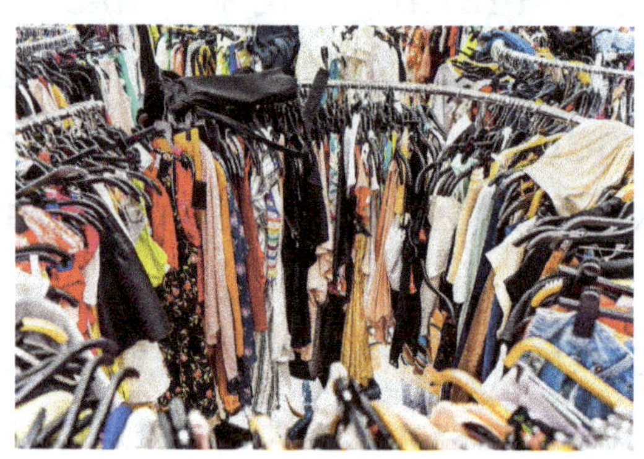

**2010s:**

La década de los 2010s fue más diversa aún, no había un estilo marcado, pero si hubo tendencias que se usaron bastante.

Lo que, si es cierto, es que los pantalones dejaron el tiro bajo y se subieron a la cintura poco a poco, también se ajustaron al cuerpo hasta más no poder, los famosos *skinny jeans.* También se usaron los pantalones Capri, en colores pasteles y no tan largos.

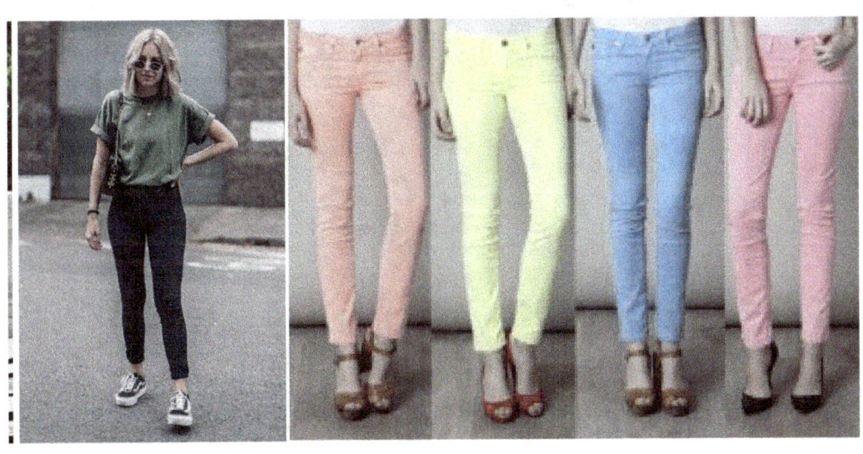

Los leggins se popularizaron de nuevo, podías encontrar de cualquier color o hasta simulando cuero, hasta se crearon los *jeggins* que eran leggins imitando jeans, con botones impresos o pliegues y bolsillos falsos. Muchas veces se usaban por debajo de faldas.

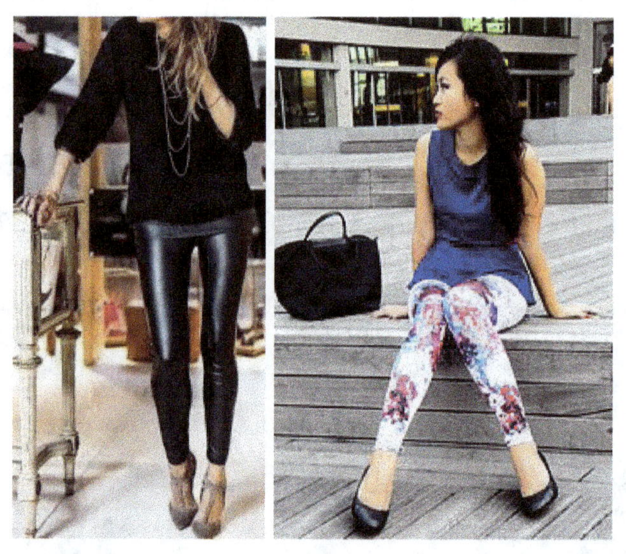

A principio de los 2010s hubo un renacimiento por el gusto de los colores neon y vibrantes de los 80s, habían pantalones, accesorios, tops o carteras de estos colores.

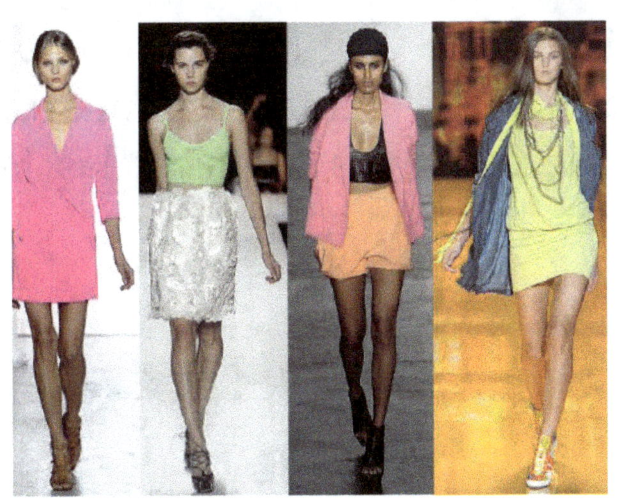

A partir de los 2012 vemos más influencias de los 90s, como los blazers combinados con camisetas o camisetas muy anchas atadas a la cintura.

En general los blazers fueron usados para cualquier ocasión durante toda la década.

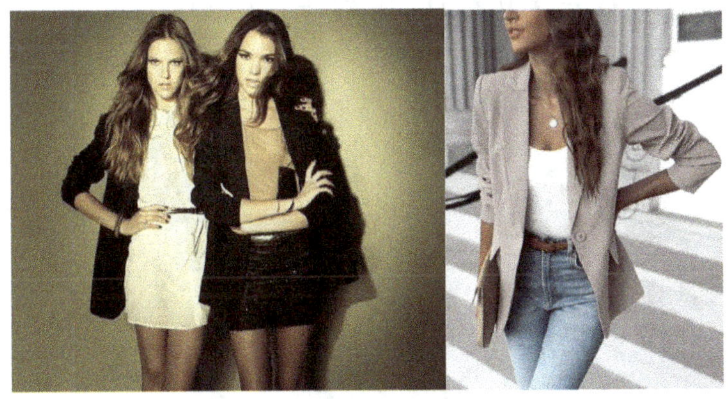

El estilo boho seguía siendo popular, usando shorts, lentes circulares, tops cortos, flecos, capas largas y las famosas diademas que iban en la frente.

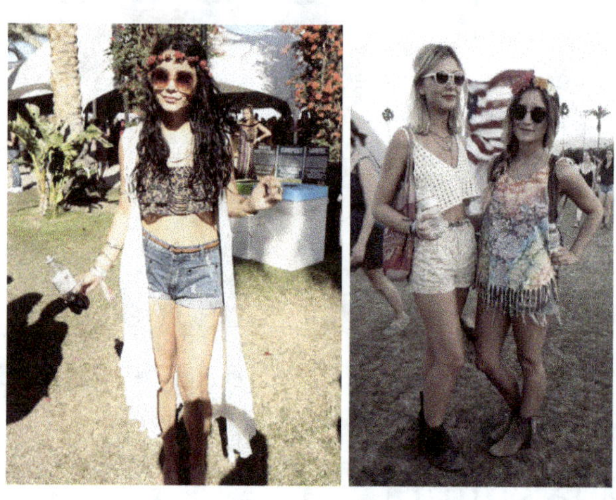

Los vestidos floreados y con escote corazón fueron tendencia y las faldas se usaban con más volumen y capas, pero cortas.

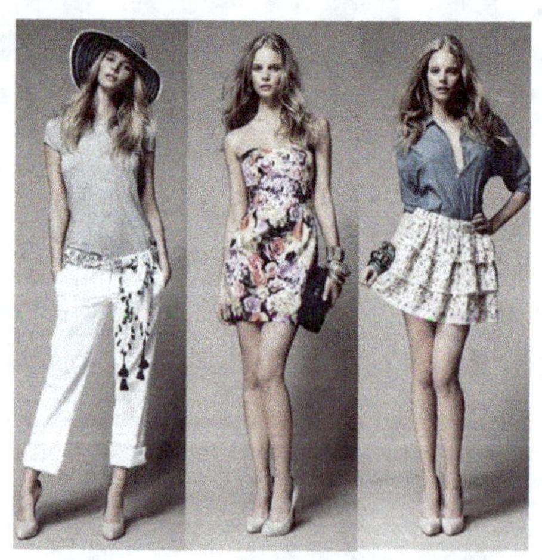

Las hoodies o suéters muy grades combinados con botas altas, este estilo lo popularizó Ariana Grande durante el 2016 y 2018.

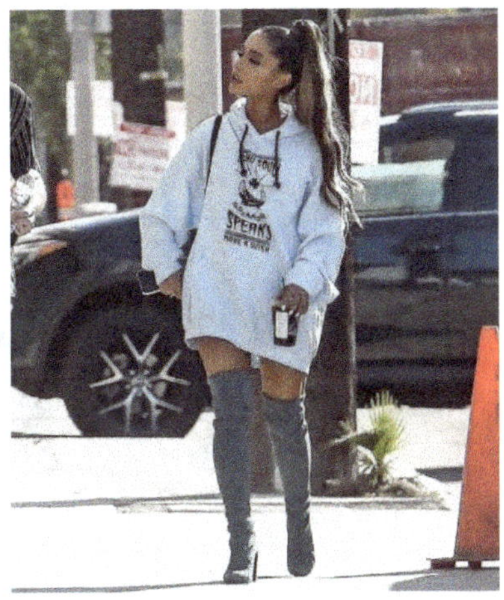

También hubo un logo-manía, muchos tenían las camisetas de Gucci o los cinturones que tuvieran el logo en grande, muchas veces falsos.

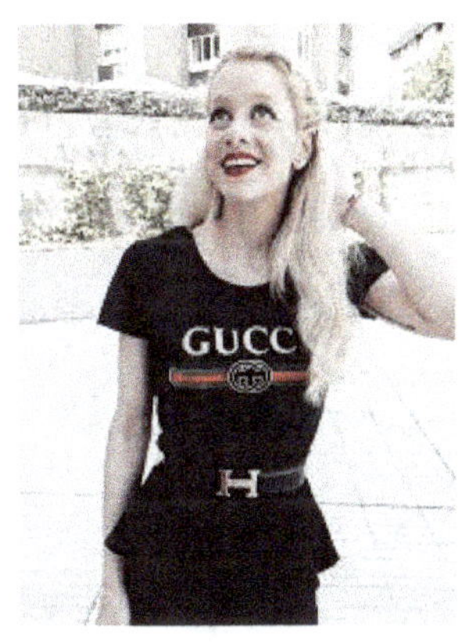

A inicios de década hasta el 2015 se usaron los zapatos de tacón muy altos, normalmente con plataforma, venían de todos los colores y estampados. Las botas de tacón con cordones también se usaron mucho.

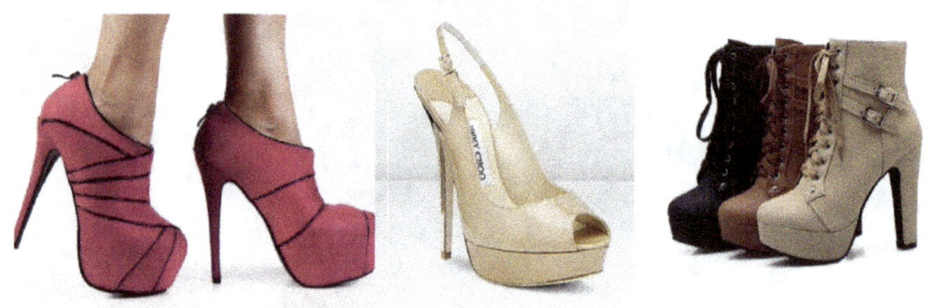

Las zapatillas grandes con plataforma marcaron tendencia después del 2015 y se combinaban con todo, incluso faldas, como las Fila de plataformas que todo el mundo tenía.

Los converse y las vans también se usaron muchísimo.

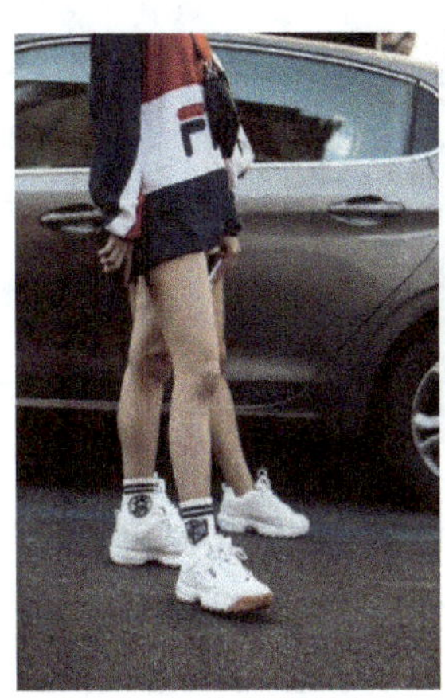 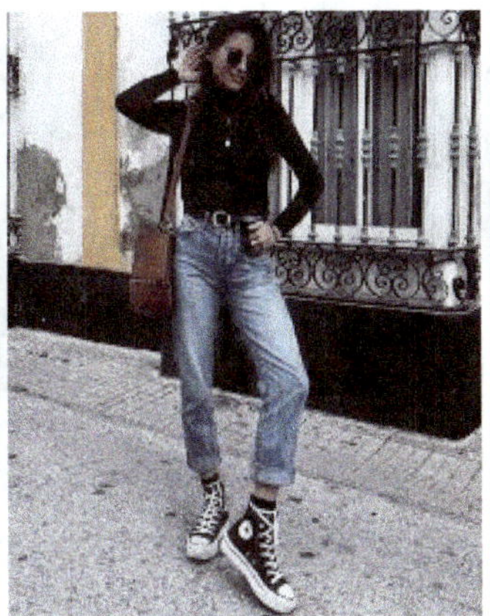 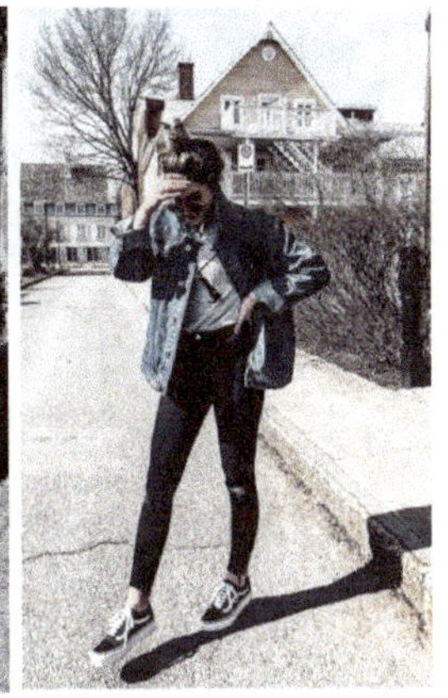

En cuanto a accesorios, los sombreros de todo tipo se popularizaron durante los primeros años de la década, pero luego dejaron de usarse, al igual que la bisutería grande y de fantasía que se usó a mediados de década. De 2017 a 2019 los accesorios más sobresalientes fueron los collares o aretes delicados, de oro o plata.

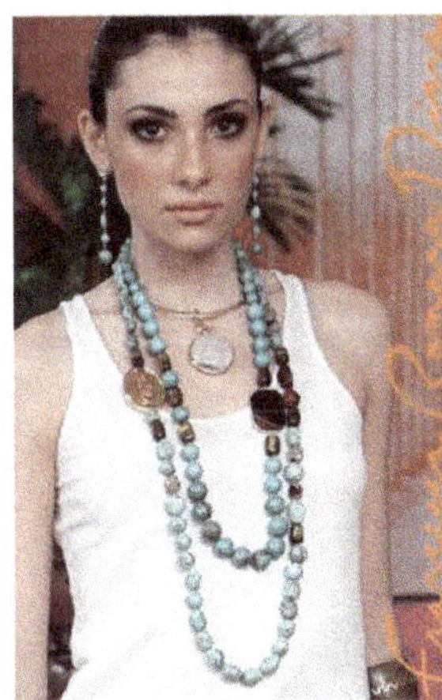 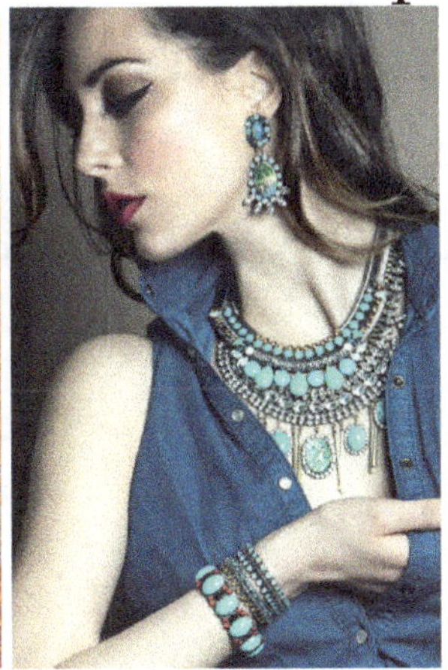 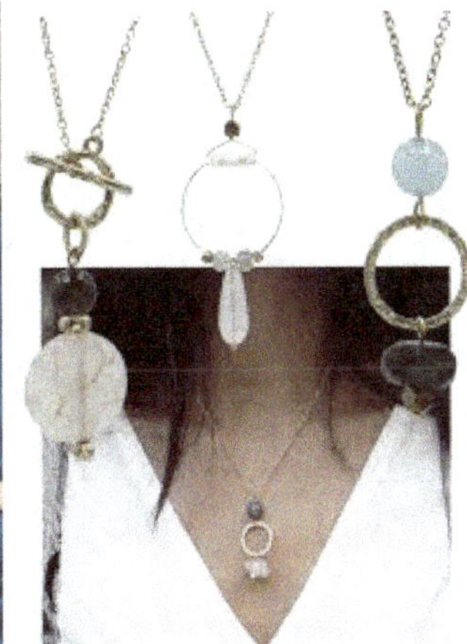

Los bolsos aumentaron su tamaño, por lo que las mujeres podían llevar muchas más cosas que cuando se usaban las shoulder bags, aunque también se popularizaron las bolsas cross body, que eran un poco más pequeñas, a finales de década.

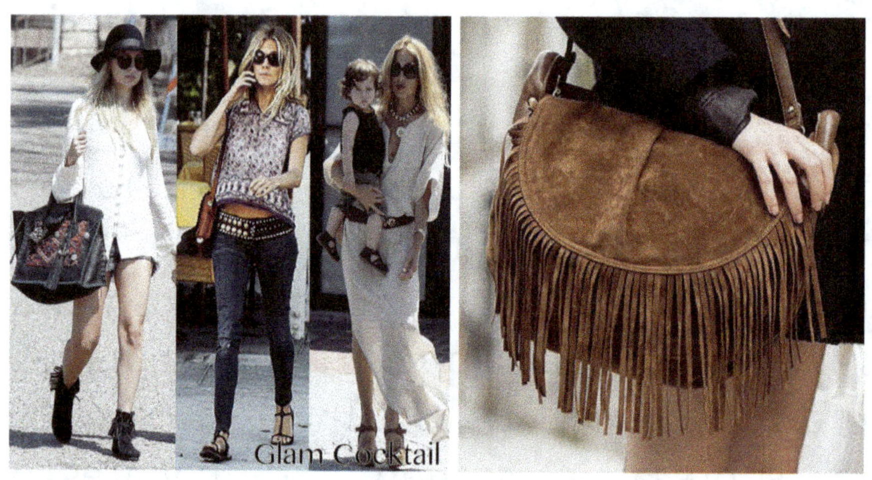


Los bigotes y galaxias fueron una manía a principios de los 2010s, todos tenían aretes de bigotes y leggins de galaxia.

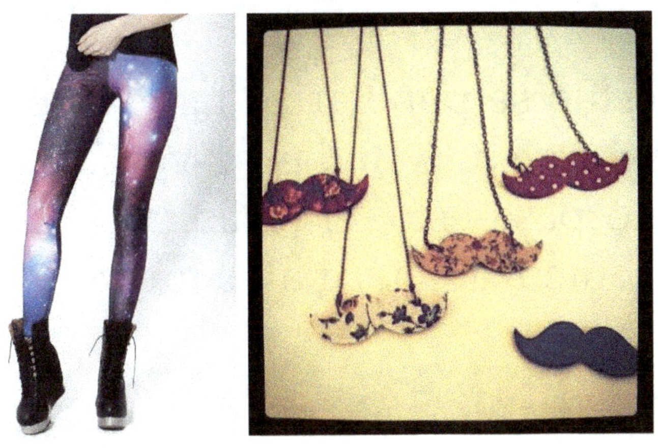

Ya a finales de de década (2019) con el furor de las redes sociales vemos una rapidez de tendencias y microtendencias, también notamos el nacimiento de los diferentes *aesthetics* que son básicamente estilos muy marcados que se hacen de moda muy rápido por un tiempo y luego pasan de moda, como fue el ejemplo de las VSCO girls:

Este estilo se generó en USA dándo una imagen relajada y despreocupada, usando camisetas muy holgadas y largas (la mayoría con estampado tie dye colorido), shorts cortos y sandalias, para el peinado usaban un moño muy alto.

Este estilo se popularizó tanto que se creó una saturación y todas se vestían igual, y cuando pasa esto, el estilo pasa de moda para comenzar a usar algo nuevo.

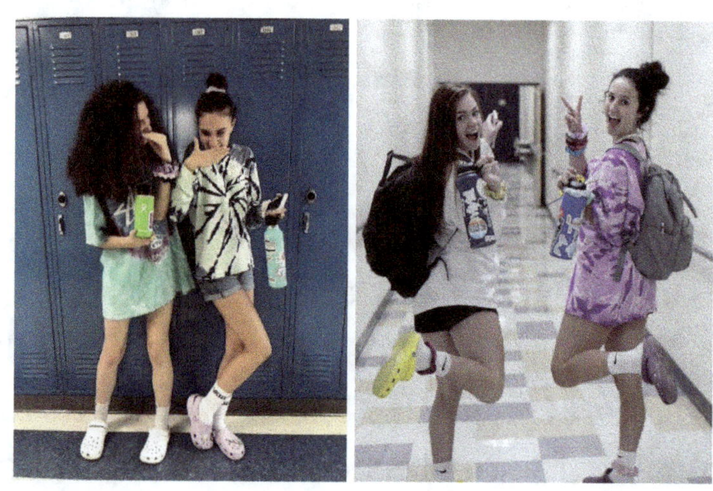

Otro aesthetic de ese año fue el de e-girl, era como una rama del estilo gótico, usando colores oscuros, mangas de red y maquillaje muy fuerte en tanto hombres como mujeres.

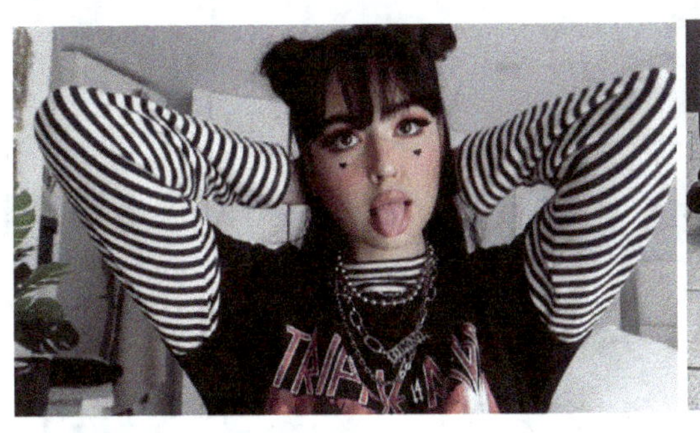
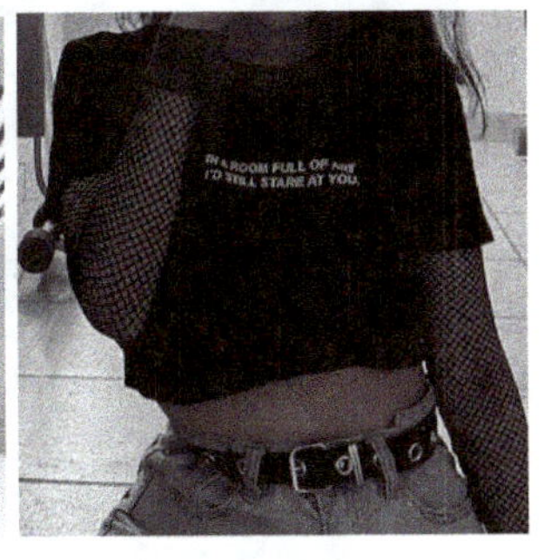

En cuanto a trajes de baño, los más famosos se presentaron a principios de década por el 2013 o 2014. Los bikinis TRIANGL, fueron usados por todas las celebridades como Kendall Jenner y Hailey Beiber, por lo que todo el mundo deseaba unos así, su tela era de goma y eran coloridos, siguiendo la tendencia neón.

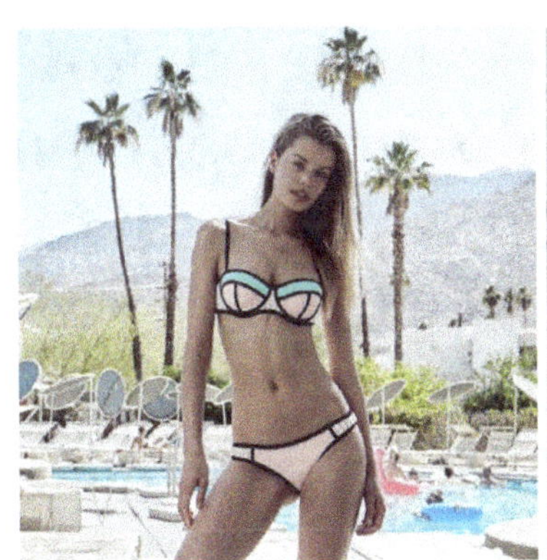
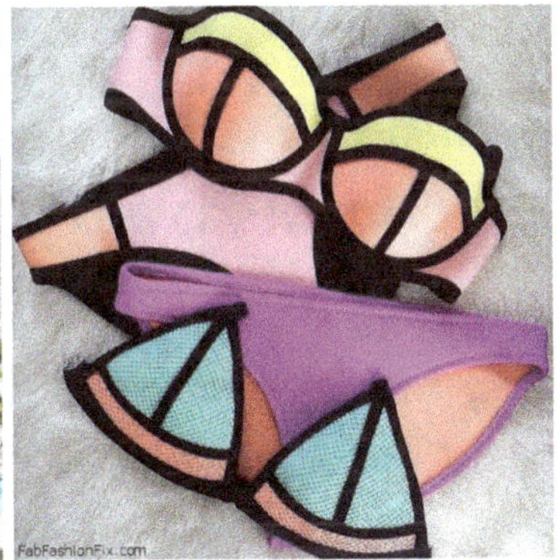

Los cortes de cabello eran normalmente rectos y podían ser largos o a la altura de la mandíbula, la partitura del cabello pasó de ser del centro a de lado, y se estilizaba con ondas sueltas.

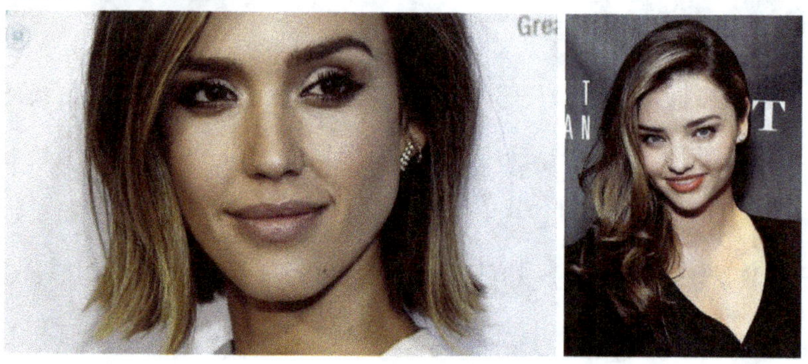

El maquillaje a principio de los 2010s fue más natural, eso sí las cejas dejaron de ser tan delgadas para dar paso a un estilo más grueso. Sin embargo, desde el 2015 el maquillaje experimentó un boom nunca visto, se empezó a usar de manera diaria un look cargado, usando: base, corrector, contorno para marcar los pómulos, iluminador y el blush muy sutil, las cejas eran todo un arte, ya que se rellenaban súper marcadas y luego se definía la forma aún más con corrector.

Gracias a la influencia de Kylie Jenner con sus labios grandes y gruesos, las mujeres empezaron a delinear los labios afuera para hacerlos ver más gruesos, y luego los pintaban de color mate. Las sombras de ojos eran muy llamativas, casi siempre con un *cut crease* y sombras oscuras o también con sombras neones y coloridas, no podía faltar el delineado negro de gato súper marcado. En pocas palabras, maquillarse se tomaba muy en serio y no era nada fácil.

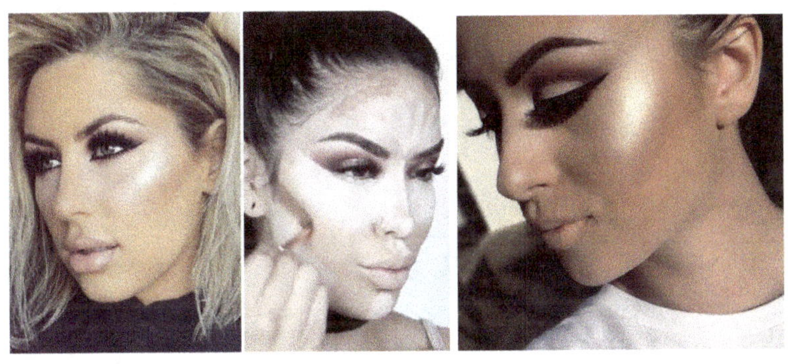

Esta década también fue muy importante en cuanto a cambios sociales, la inclusión pasó a formar parte muy importante, la ropa ya no era considerada para solo un género, ni tampoco el maquillaje.

Las tiendas online comenzaban a ser incluso más populares que ir al mall, tiendas online como SHEIN subieron de popularidad a finales de 2010s, pero lo que no se estaba tomando en cuenta es que estas marcas de moda rápida debían seguir las tendencias tan cambiantes por lo que lo que no se vendía terminaba siendo desechado, contaminando el medio ambiente.

## 2020s

En la década actual hemos visto un desarrollo impresionante en la industria de la moda para el poco tiempo que lleva la década, desglosaremos algunas de las tendencias y micro tendencias de lo que llevan los 2020s

Empezamos el 2020 con la noticia del covid-19, por lo que la gente ya no quería salir tanto, estaban solo en sus casas, así que no había necesidad de gastar en nueva ropa para salir, por lo que el estilo que predominó fue la comodidad.

Los pantalones tipo sweatpants, hoodies o suéteres, zapatos cómodos, etc. Las gorras también tuvieron su momento de popularidad.

Esta es la década de la nostalgia, ya que casi todas las tendencias son una modernización de décadas pasadas, pero no hay nada innovador.

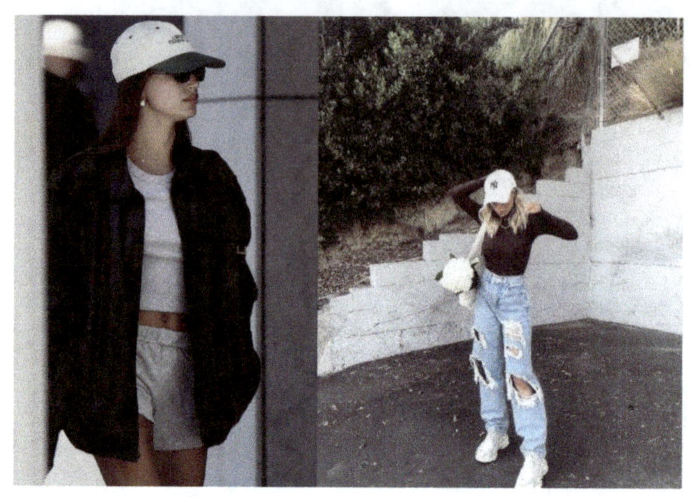

Al mismo tiempo seguían saliendo a la luz nuevos *aesthetics*, las *vsco* girls ya estaban despareciendo, por lo que el estilo ***indie kid*** comenzó a ganar popularidad.

Este estilo tuvo su mayor auge entre 2020 a 2021, tenía muchas influencias noventeras y ochenteras, usaban colores fuertes y accesorios aniñados como de juguete.

Los pantalones eran anchos a la cintura, sin cinturón (aunque a veces usaban cordones de zapatos), usaban faldas plisadas, los tops eran cortos con estampados gráficos, como si de una camiseta de niño pequeño se tratara, las carteras eran grandes y largas con estampados de animal, también se popularizaron los chalecos como de colegio. Los accesorios predominantes eran los gorros de pescador y lentes.

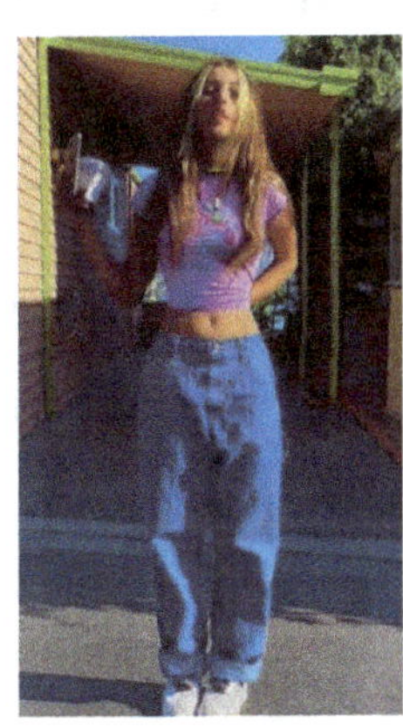 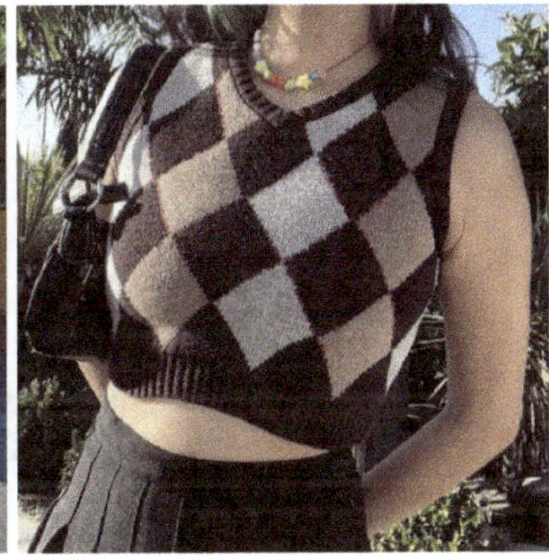 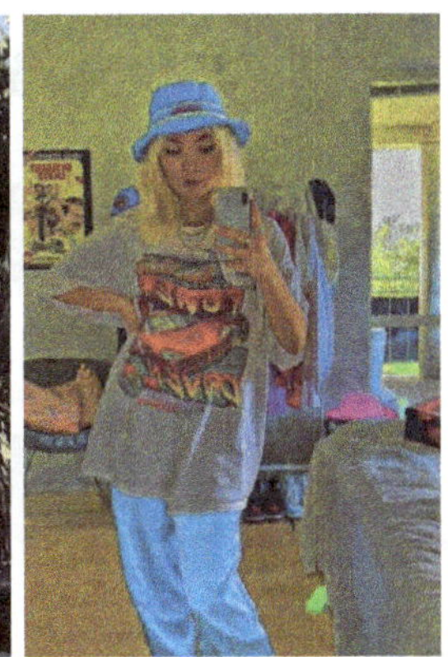

Otro estilo popular fué el **soft girl**, caracterizado por el uso de tendencias de los 90s, faldas cortas rectas de colores pasteles o estampados de cuadros, cardigans o tops claros, *shoulder bags,* cabello con clips de colores pasteles o diademas y zapatillas blancas.

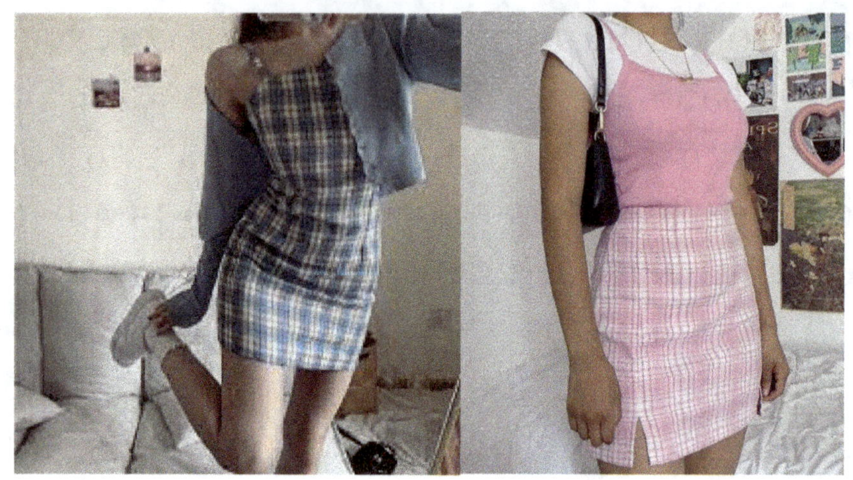

Otra tendencia usada mayormente en Estados Unidos fueron los e-kids, y no eran lo mismo que las e-girls del 2019.

Este estilo se caracterizaba por las botas negras con hebillas de plataforma, medias o mallas, faldas cortas, camisetas gráficas y una especie de gorro con estilo de animal de peluche.

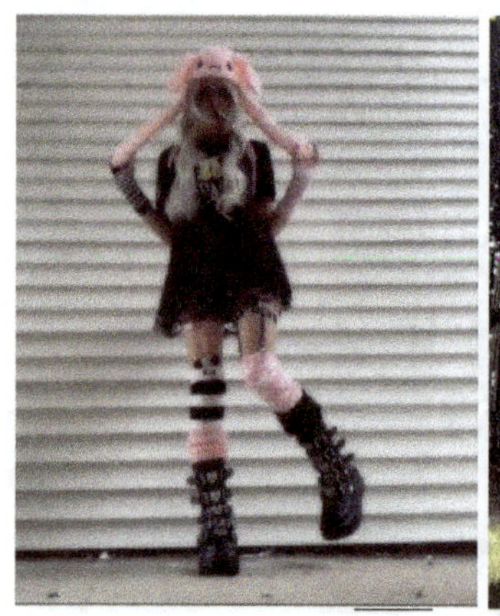

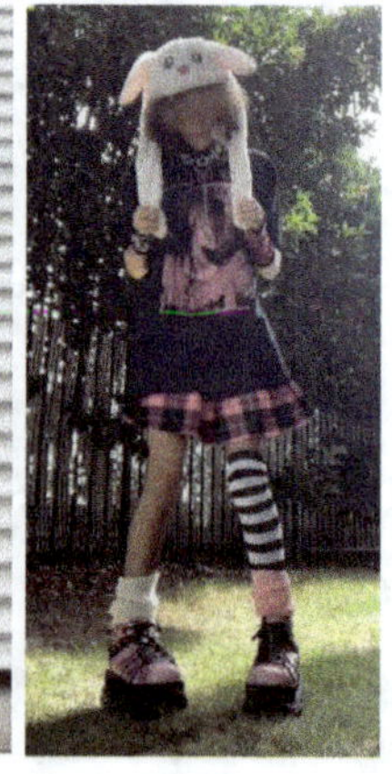

En el 2021, luego de un año de minimalismo en la tendencia general, y recesión económica por la pandemia, vemos un renacer del maximalismo, los accesorios gruesos, lentes grandes, y prendas que llamaran la atención estuvieron al tope.

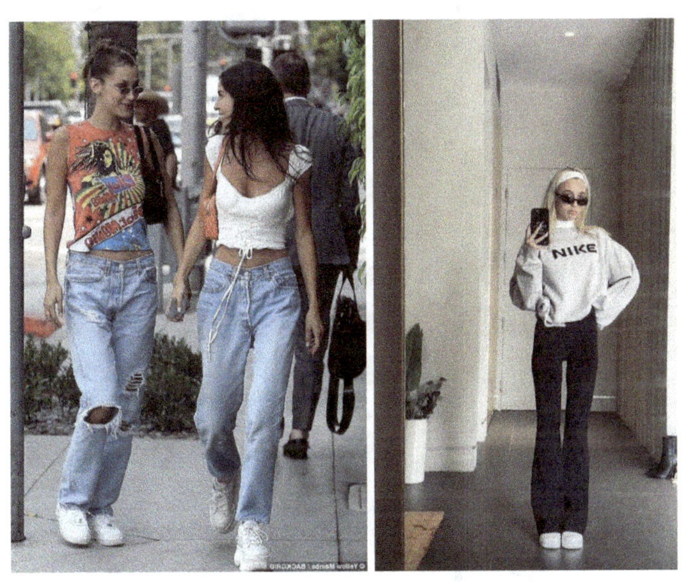

Con el confinamiento, las tiendas de ropa online fueron el lugar para comparar predeterminado, por lo que muchos estilos de prendas fueron muy característicos de estas tiendas, como, por ejemplo:

-Mesh Tops:

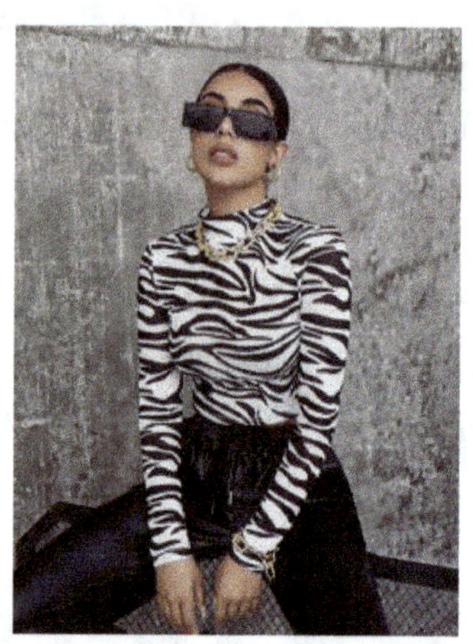

-

-Faux Trim:

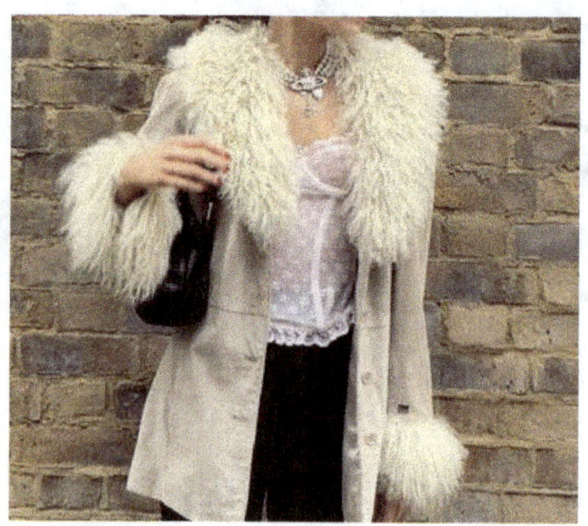

-Corsés como tops:

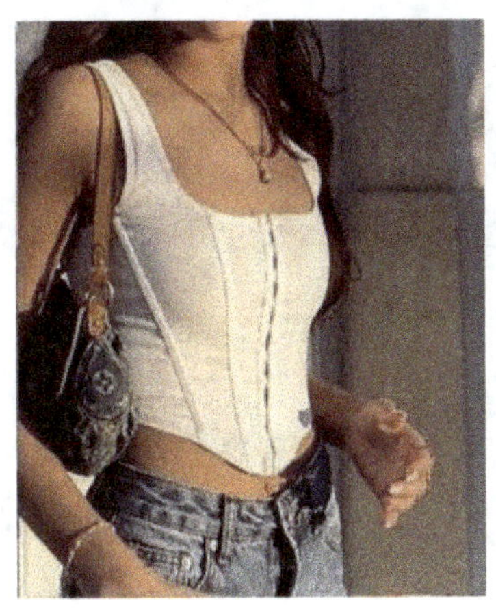

-Vestidos tejidos:

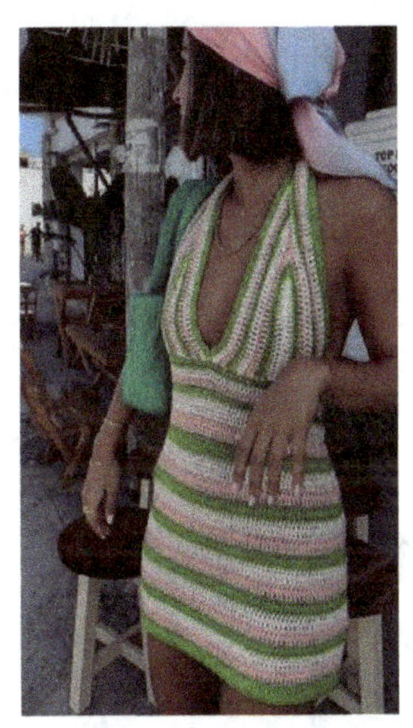

En 2022 la moda no cambió tan drásticamente, pero algunas prendas se unieron a las tendencias, como los calentadores de piernas, el estampado de rayas en pantalones tipo sastre o vestidos y los pantalones parachute.

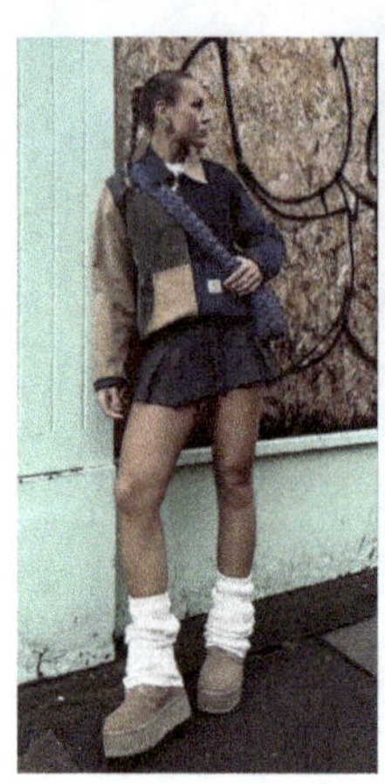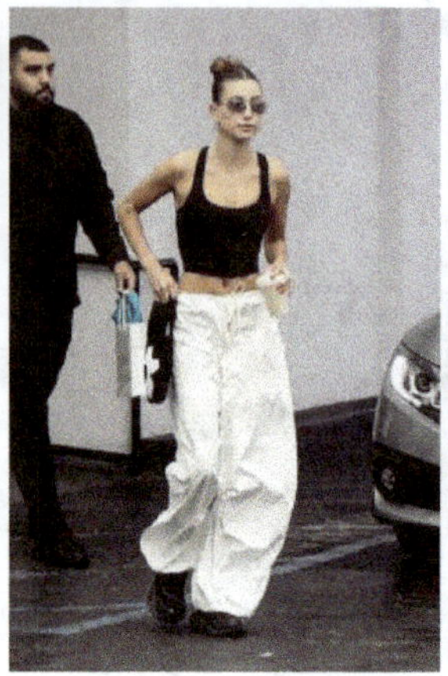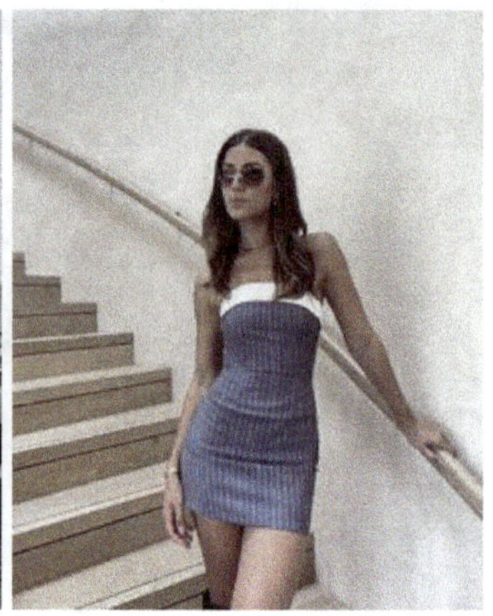

Llegamos a 2023 y vemos algunos cambios, los pantalones a la cadera vuelven poco a poco a ser tendencia, los crop top van dejándose a un lado y se usan tops más largos, los pantalones siguen siendo anchos, pero, también vemos de nuevo la silueta recta de los 90.

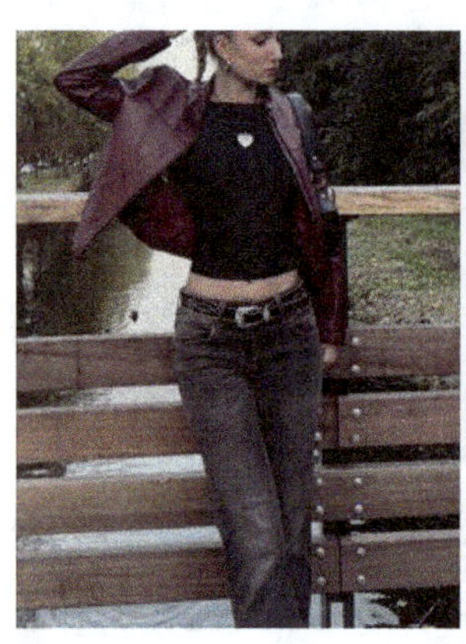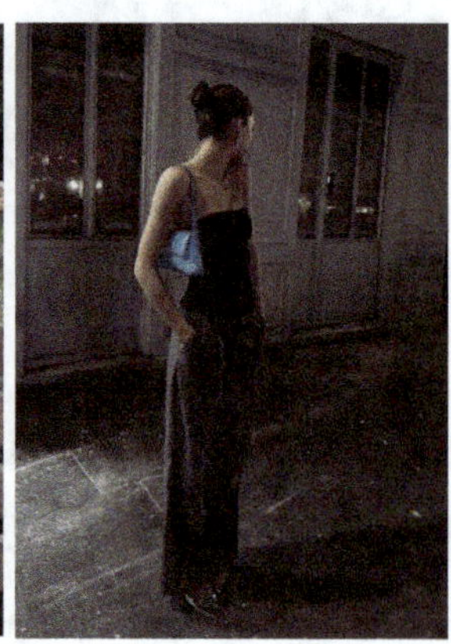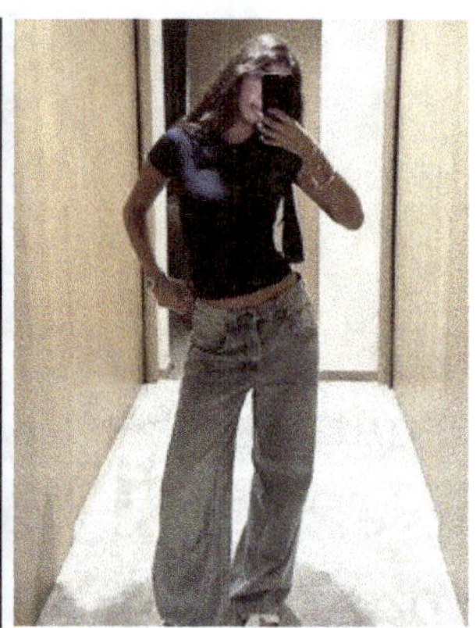

El color rojo y el azul navy son tendencia, las chaquetas de cuero rojas están por todas partes. Las faldas de mezclilla y de lentejuelas son tendencia.

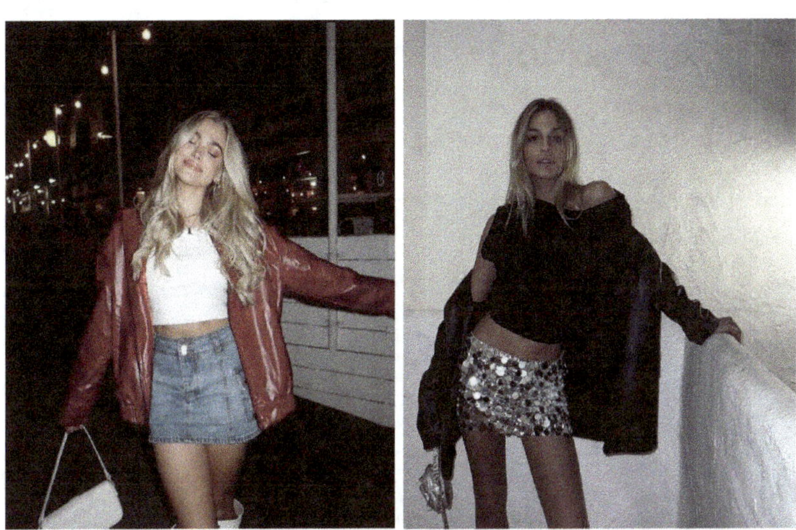

Vemos los suéteres debajo de los hombros y de colores neutros, casi siempre acompañados con jeans o faldas mini.

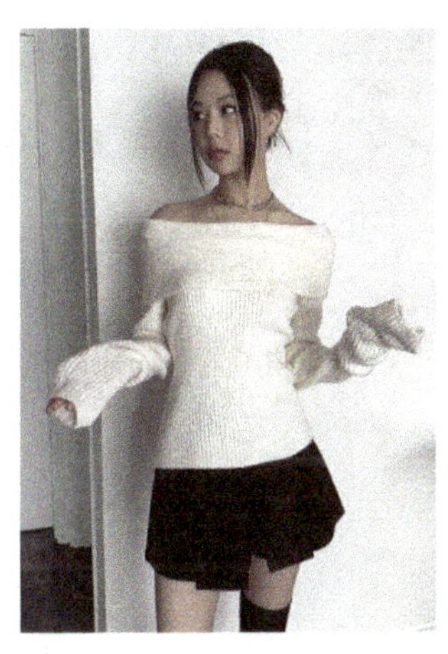

Encontramos tendencias muy marcadas como: **Old Money,** originado a inicios de año, se refiere a la estética de gente rica en los años 90 o 2000, usando prendas polo, vestidos y faldas sencillas, camisas, y botas, siempre en colores neutros como el blanco o marrón.

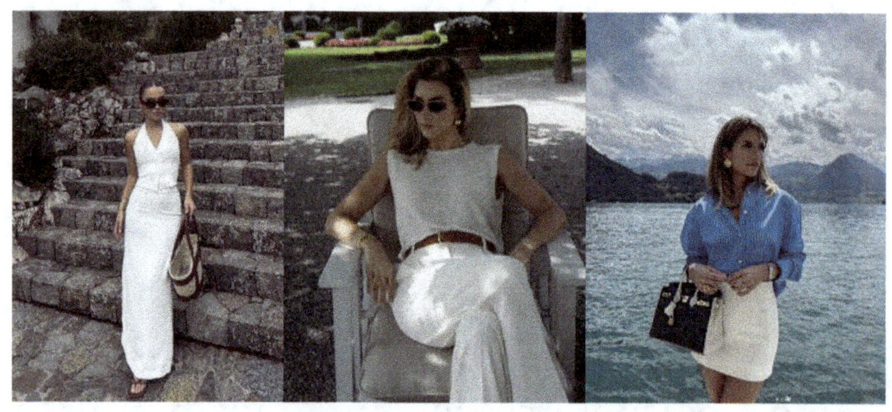

Otro estilo que predominó más que todo en Europa fue el **Scandinavian girl**, que se centra en el estilo de ropa que usan las chicas de estos países, con pantalones sueltos, suéteres holgados, faldas con volantes al estilo 2010 y bolsos grandes.

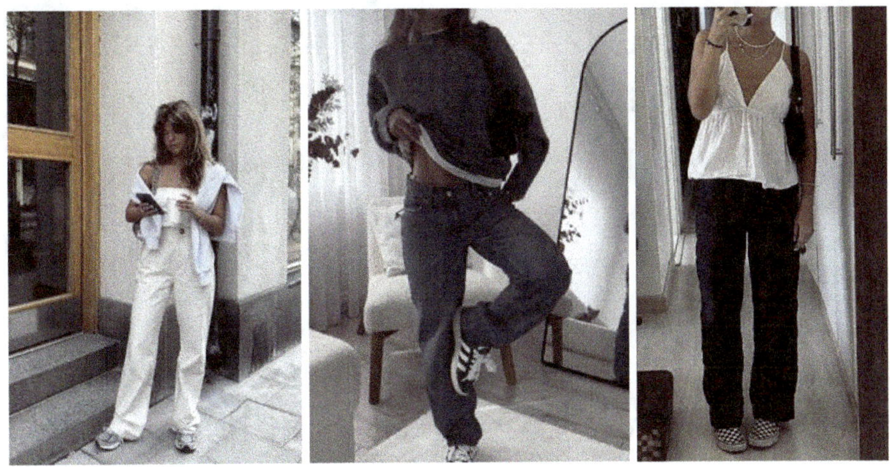

Y el ultimo estilo sobresaliente es el **Coquette,** este se basa en dar una vibra muy femenina, con lazos, moños, perlas, el rosado y blanco. Vemos muchas faldas y vestidos, encaje y maquillaje muy sutil e iluminado.

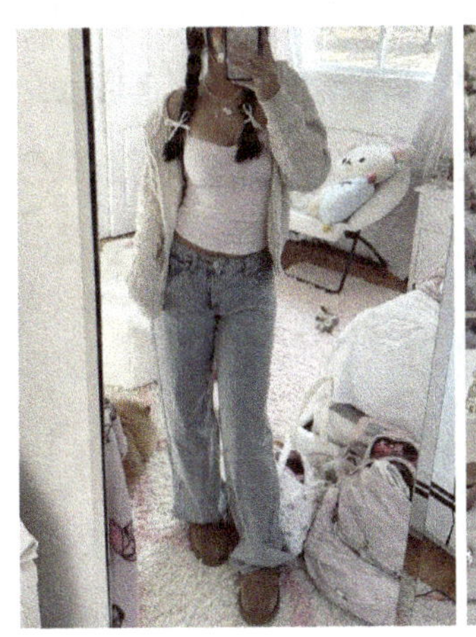
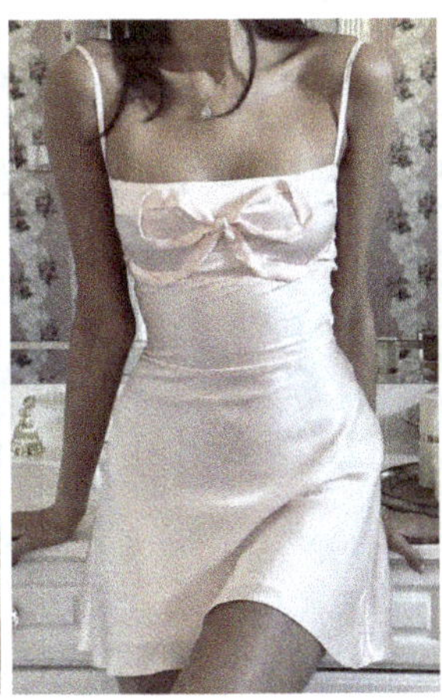
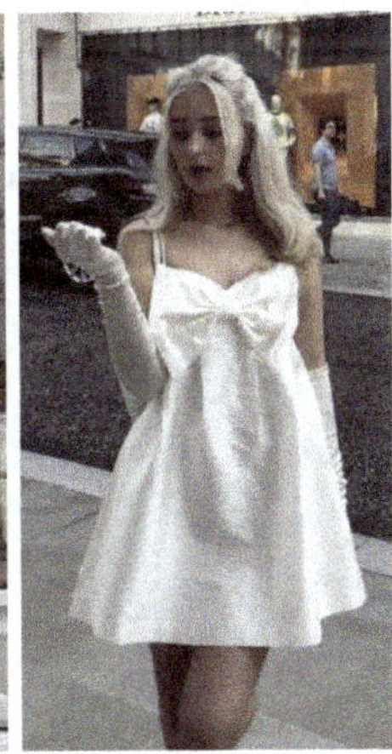

En cuanto a zapatos se siguen usando zapatillas como adidas, nike o new balance. Las uggs vuelven a estar de moda y los tacones y botas en punta triangular se combinan con cualquier outfit.

2024 ha sido más una extensión del 2023, al menos hasta la fecha de publicación del libro (marzo), el estilo coquette ha pasado de moda un poco, al igual que el old money, ya que, como habíamos dicho, estas microtendencias se caracterizan por ser efímeras.

Dentro de la alta costura, se populariza el término lujo silencioso, ya que las personas ya no quieren usar prendas que tengan el logo en grande como las camisetas Gucci de los 2010, si no que ahora usan prendas de marcas que como lo dice el término son -silenciosas- y que el que sabe, sabe.

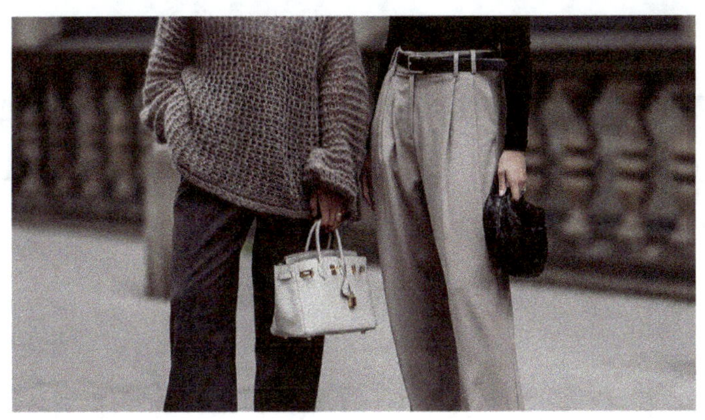

Si se dan cuenta, en la época moderna las tendencias predominan por al menos una década, ahora cambian cada 6 meses aproximadamente, por lo que el consumismo ha crecido de manera estratosférica.

El consumismo nos hace comprar y comprar cosas nuevas cada vez que hay una micro-tendencia, lo que no es nada sostenible, ni para nosotros, ni para el ambiente.

Hoy en día la ropa de segunda mano se ha popularizado por las prendas únicas que encuentras y por la ayuda al planeta, ya que estamos reutilizando prendas.

Así que, hemos llegado al final de este libro, espero que hayas disfrutado aprender la historia de la moda tanto como a mí me gustó escribirlo.

La moda es demasiado importante en nuestra sociedad, como pudiste haber concluido, luego de haber leído todo lo que hemos logrado avanzar social y políticamente gracias a la moda.

Recuerda recomendar el libro para que más personas puedan conocer más sobre la historia y todo lo que implica el término moda.

¡Muchas gracias por leer!